EUROPEAN CLASSIC KNIT

유러피안 클래식 손뜨개

효도 요시코 지음 | 배혜영 옮김

Contents

page		
8	A / Sweater	아란 스웨터
9	B / Cardigan, Beret	꽈배기 무늬 카디건과 베레모
10	C / Muffler	아란 머플러 세트
12-13	D / Cardigan, Muffler	배색무늬 카디건과 머플러
15	E / Sweater	아란 무늬 터틀넥 스웨터
16-17	F / Sweater, Stole, Legwarmers	배색무늬 스웨터, 스톨, 레그 워머
20	G / Cardigan, Muffler	앙고라 배색무늬 카디건과 머플러
21	H / Vest	배색무늬 베스트
22-23	I / Cap, Gloves	배색무늬 모자와 장갑
24-25	J / Cardigan, Cap	로피 카디건과 모자
26-27	K / Cape	비침무늬 케이프
30-31	L / Jacket	네이비 재킷
32	M / Cardigan, Beret	배색무늬 카디건과 베레모
34	M / High socks	배색무늬 하이삭스
35	M / Gloves	배색무늬 장갑
36	N / Sweater	줄무늬 스웨터
37	O / Vest, Cap	아란 베스트와 모자
38	Yarn	이 책에 사용한 실
40	How to make	만드는 방법
100	Basics	대바늘뜨기의 기초

- 이 책에 수록된 작품은 모두 하마나카의 '리치모어' 손뜨개 실을 사용했고 손뜨개 바늘과 도구는 하마나카 상품을 사용했습니다.
  (리치모어 http://www.richmore.jp)
- 이 책에 수록된 대바늘의 호수는 일본에서 통용되는 표기를 그대로 따랐으며 굵기(mm)는 국내에서 통용되는 표기에 맞춰 변경했습니다.
- 이 책에 수록된 작품을 무단으로 복재해 온·오프라인 매장 등에서 판매하는 행위는 금지되어 있습니다.
  손수 작품을 만드는 즐거움을 누리는 용도로만 사용해주세요.

제 디자인의 원점을 돌아보면

파리에서 화가로 사셨던 특별한 할아버지 밑에서 자라며

그림에 뛰어난 재능을 보이셨던 어머니의 영향이 크지 않을까 싶어요.

양재, 손뜨개, 자수 등을 가르쳐주신 것도 어머니였습니다.

초등학생이었을 때 어머니가 미술관에 데려가 사주셨던 화집 속 그림을 곧잘 따라 그리며

유럽 풍경화의 파란색 하늘, 흰색 구름, 초록색 나무, 그림 속 여성의 드레스, 레이스, 디자인 리본,

실내 벽지의 색깔 하나하나에 마냥 즐거워했던 기억이 납니다.

제 손뜨개 배색은 어릴 적부터 눈으로 봐온, 좋아하는 색이 바탕이 되지 않았나 생각해요.

패스트패션과 대비되는, '슬로라이프'를 지향하는 마음으로 이 책의 니트들을 디자인했습니다.

10년, 20년이 지난 후에도 시간에 관계없이 입을 수 있는 심플한 니트.

자연 소재에 마음을 담아 정성스럽게 뜨면, 애착을 가질 수 있는 물건이 되겠지요.

자신뿐만 아니라 가족에게도 떠 주세요.

추운 한국에서도, 기억 속 어린 시절의 포근한 기분을 느낄 수 있기를 바랍니다.

한국은 마음만 먹으면 바로 갈 수 있는, 제가 좋아하는 나라입니다.

보통은 보자기며 자수 노리개를 찾거나 고풍스러운 한식집에 가거나, 맛있는 팥빙수를 먹거나 한답니다.

그렇게 좋아하는 한국에서 제 책을 출판할 수 있게 되어 기쁩니다. 그리고 정말 감사합니다.

_효도 요시코

Introduction

아란 스웨터

A / Sweater

how to make **p.74~77**　　yarn / 리치모어 캐시미어 메리노

꽈배기 무늬 카디건과 베레모

B / Cardigan, Beret

how to make p.78~82 yarn / 리치모어 알파카 '파인'

아란 머플러 세트

C / Muffler

how to make **p.83**   yarn / 리치모어 캐시미어 메리노

배색무늬 카디건과 머플러

D / Cardigan, Muffler

how to make **p.84~86**   yarn / 리치모어 알파카 '파인'

아란 무늬 터틀넥 스웨터

E / Sweater

how to make **p.87~89**　　yarn / 리치모어 캐시미어 메리노

배색무늬 스웨터, 스톨, 레그 워머

F / Sweater, Stole, Legwarmers

how to make p.44~50   yarn / 리치모어 캐멀 트위드, 리치모어 퍼센트

앙고라 배색무늬 카디건과 머플러

G / Cardigan, Muffler

how to make p.51~55   yarn / 리치모어 앙고라 에이티, 리치모어 스펙트르 모뎀 '파인'

배색무늬 베스트

H / Vest

how to make p.56~59　　yarn / 리치모어 캐멀 트위드, 리치모어 퍼센트

배색무늬 모자와 장갑

I / Cap, Gloves

how to make p.60, 62~63   yarn / 리치모어 캐멀 트위드, 리치모어 퍼센트

로피 카디건과 모자

J / Cardigan, Cap

how to make p.71~73   yarn / 리치모어 소프트래드

비침무늬 케이프

K / Cape

how to make p.92~93   yarn / 리치모어 캐시미어

picnic with james

Currants

Grandma's house

Lorina Lemonade

Cherry

Henhouse

Washing

Sunday brunch

네이비 재킷

L / Jacket

how to make **p.94~95**　　yarn / 리치모어 스펙트르 모뎀

배색무늬 카디건과 베레모

M / Cardigan, Beret

how to make **p.61, 64~66**　　yarn / 리치모어 캐멀 트위드, 리치모어 퍼센트

배색무늬 하이삭스

M / High socks
how to make **p.40, 69~70**　　yarn / 리치모어 캐멀 트위드, 리치모어 퍼센트

배색무늬 장갑

M / Gloves

how to make p.41, 67~68   yarn / 리치모어 캐멀 트위드, 리치모어 퍼센트

줄무늬 스웨터

N / Sweater

how to make p.90~91   yarn / 리치모어 스펙트르 모뎀 '파인'

아란 베스트와 모자

how to make p.42~43, 97~99   yarn / 리치모어 캐시미어 메리노

O / Vest, Cap

Yarn
introduction

이 책에 사용한 실

1 리치모어 스펙트르 모뎀 '파인'
모 100%
40g 약 95m 30색 병태 타입 대바늘 6~8호

2 리치모어 캐시미어 메리노
모 100%(메리노 울 70%, 캐시미어 30%)
40g 약 100m 13색 병태 타입 대바늘 8~10호

3 리치모어 캐멀 트위드
모(캐멀) 100%
25g 약 85m 9색 합태 타입 대바늘 4~6호

4 리치모어 캐시미어
모(캐시미어) 100%
20g 약 92m 15색 합태 타입 대바늘 5~6호

5 리치모어 알파카 '파인'
모(알파카) 100%
25g 약 80m 11색 중세 타입 대바늘 6~8호(2가닥)

6 리치모어 앙고라 에이티
모(앙고라) 80%, 나일론 20%
20g 약 65m 8색 병태 타입 대바늘 7~8호

7 리치모어 스펙트르 모뎀
모 100%
40g 약 80m 50색 극태 타입 대바늘 8~10호

8 리치모어 퍼센트
모 100%
40g 약 120m 100색 합태 타입 대바늘 5~7호

9 리치모어 소프트래드
모 92%, 나일론 8%
50g 약 50m 10색 초극태 타입 대바늘 8mm

Lesson 1 M / High socks   page 34   배색무늬 하이삭스

*재료와 도구, 도안은 69쪽에 있습니다.

> 발꿈치 뜨는 방법

코 줄이기

1 1단은 겉뜨기로 28코 뜹니다. 뜨개바탕을 뒤집고 실을 앞쪽에 놓은 뒤 오른쪽 대바늘을 뒤쪽에서 넣어 오른쪽 대바늘에 코를 옮깁니다(걸러뜨기).

2 두 번째 코와 세 번째 코에 오른쪽 대바늘을 뒤쪽에서 넣고

3 실을 걸어 뒤쪽으로 빼냅니다 (왼코 겹쳐 2코 모아 안뜨기).

4 마지막은 끝에서 두 번째 코와 세 번째 코 위치를 바꾸고(114쪽 참고) 오른쪽 대바늘을 뒤쪽에서 넣어 뜹니다.

5 오른코 겹쳐 2코 모아 안뜨기했습니다.

6 마지막 코는 안뜨기합니다. 2단을 떴습니다.

7 이후 도안을 따라 14단까지 뜬 모습입니다.

코 늘리기(2단)

8 첫 번째 코를 걸러뜨기로 뜨고 다음 코부터 안뜨기합니다.

9 마지막은 왼쪽 대바늘로 12, 13단의 걸러뜨기를 모조리 줍고 오른쪽 대바늘을 뒤쪽에서 넣은 다음 실을 걸고 빼내

10 안뜨기합니다.

(3단)

11 1단 끝까지 겉뜨기한 뒤 화살표와 같이 13, 14단의 걸러뜨기를 모조리 줍고

12 대바늘에 실을 걸어 빼냅니다.

13 1코 늘었습니다. 뜨개바탕을 뒤집습니다.

14 이후 도안을 따라 떠 나갑니다.

15 발꿈치를 떴습니다.

Lesson 2   M / Gloves   page 35   배색무늬 장갑

> 엄지 위치에 별실을 떠 넣는다

* 재료와 도구, 도안은 67쪽에 있습니다.

별실을 떠 넣는다

1 38단까지 뜬 뒤 바탕실과 배색실은 쉬게 하고 별실(보풀이 적은 실)을 달아서

2 겉뜨기로 7코 뜹니다.

3 뜨개바탕을 뒤집고 엄지의 실(올리브그린)을 달아서

4 안뜨기로 7코 뜹니다.

5 쉬게 한 실로 이어서 배색무늬를 끝까지 뜹니다.

엄지를 뜬다

1 떠 넣은 별실 아래쪽 코(38단)의 오른쪽 반코를 줍습니다.

2 1을 반복해 7코를 주운 모습입니다.

3 뜨개바탕 위아래를 바꿔 잡고 새 대바늘로 별실 위쪽 코를 1~2와 같이 줍습니다.

4 6코를 주운 모습입니다.

5 별실을 빼냅니다.

6 뜨개바탕 위아래를 바꿔 잡고 새 대바늘로 38단의 코와 코 사이에 있는 가로 실을 주워 왼쪽 대바늘에 겁니다.

7 엄지의 실을 달아서 돌려뜨기합니다.

8 대바늘에 걸린 7코를 이어서 뜬 뒤 새 대바늘로 6과 같이 코와 코 사이에 있는 가로 실을 줍고

9 돌려뜨기합니다.

10 대바늘 3개에 코를 나누어 엄지를 뜹니다.

Lesson 3 O / Vest page 37 아란 베스트

*재료와 도구, 도안은 97쪽에 있습니다.

| 뜨는 방법 | ※사진에서는 이해하기 쉽게 실 색을 바꿨습니다.

무늬뜨기 C

1 3코의 오른쪽에서 오른쪽 대바늘을 한 번에 넣습니다.

2 대바늘에 실을 걸고 3코를 함께 안뜨기합니다(왼코 겹쳐 3코 모아 안뜨기).

3 오른쪽 대바늘을 뒤쪽에서 넣어 안뜨기합니다.

4 뜬 코를 대바늘에 건 채로 바늘비우기를 합니다.

5 안뜨기와 바늘비우기는 그대로 두고 같은 코에 안뜨기합니다.

6 안뜨기 3코 만들기를 떴습니다. 도안을 따라 떠 나갑니다.

7 무늬뜨기 C를 떴습니다.

1코 고무뜨기 코막음(평뜨기) [오른쪽 끝이 겉뜨기 2코·왼쪽 끝이 겉뜨기 1코일 때]

1 앞쪽에서 첫 번째 코에 돗바늘을 넣고 두 번째 코 앞쪽으로 빼냅니다.

2 앞쪽에서 첫 번째 코에 돗바늘을 넣고 세 번째 코 뒤쪽으로 빼냅니다.

3 앞쪽에서 두 번째 코에 돗바늘을 넣고 네 번째 코 앞쪽으로 빼냅니다(겉뜨기와 겉뜨기).

4 세 번째 코 뒤쪽에서 돗바늘을 넣고 다섯 번째 코 앞쪽으로 빼냅니다(안뜨기와 안뜨기).

5 왼쪽 끝까지 3~4를 반복합니다.

6 끝까지 반복한 모습입니다.

7 마지막은 안뜨기 뒤쪽에서 돗바늘을 넣고 겉뜨기 앞쪽으로 빼냅니다.

8 1코 고무뜨기 코막음을 완성했습니다.

※ 사진에서는 이해하기 쉽게 실 색을 바꿨습니다.

덮어씌워 잇기   [어깨를 잇는 방법. 앞뒤가 무늬뜨기로 끝나는 작품에 사용]

1 앞뒤 몸판의 어깨를 겉끼리 맞대어 앞 몸판을 앞으로 해서 잡습니다. 앞쪽과 뒤쪽 가장자리 코에 코바늘을 넣습니다.

2 뒤쪽 코를 코바늘 끝에 걸고 앞쪽 코 안으로 빼냅니다.

3 코를 빼낸 모습입니다.

4 코바늘에 실을 걸고 빼냅니다.

5 실을 빼낸 모습입니다.

6 1~4를 반복합니다.

7 2코를 완성한 모습입니다.

8 마지막은 코바늘에 남은 코 안으로 실을 빼낸 뒤 자릅니다.

1코 고무뜨기 코막음(원형뜨기)

1 목둘레에 1코 고무뜨기를 한 모습입니다.

[뜨기 시작 쪽]

2 뜨기 시작 쪽의 첫 번째 코에 뒤쪽에서 돗바늘을 넣습니다.

3 두 번째 코에 앞쪽에서 뒤쪽으로 돗바늘을 넣습니다.

4 첫 번째 코 앞쪽에서 돗바늘을 넣고 세 번째 코 앞쪽으로 빼냅니다(겉뜨기와 겉뜨기). 이어서 42쪽 평뜨기의 4처럼 돗바늘을 넣고 반복합니다.

[뜨기 끝 쪽]

5 마지막 겉뜨기 앞쪽에서 돗바늘을 넣고 겉뜨기 시작코 앞쪽으로 빼냅니다.

6 마지막 안뜨기 뒤쪽에서 돗바늘을 넣고 안뜨기 시작코 뒤쪽으로 빼냅니다.

7 1코 고무뜨기 코막음을 완성했습니다.

8 완성한 모습입니다.

F / Sweater page 16 배색무늬 스웨터

재료와 도구

실…리치모어 캐멀 트위드

    청회색(3) 140g=6타래

리치모어 퍼센트

    연한 베이지(105) 85g=3타래

    진한 물색(110) 70g=2타래

    올리브그린(13) 45g=2타래

    올리브옐로(14) 35g, 황적색(87) 20g, 빨간색(74) 5g=각 1타래

바늘…대바늘 5호(3.5mm), 4호(3.0mm)

게이지

사방 10cm 배색무늬: 23코·30단

완성 사이즈

가슴둘레 94cm, 기장 60.5cm, 화장 72.5cm

뜨는 방법

1. 몸판은 밑단 위치에서 별도의 사슬코 산을 주워 코를 만들고 실을 가로로 걸치는 방법으로 배색무늬를 만듭니다. 래글런 선의 코 줄이기는 2코 이상은 덮어씌우고, 1코는 가장자리 3코를 세워 뜹니다. 마지막은 덮어씌워 코막음합니다.
2. 소매는 몸판과 마찬가지로 뜨기 시작해 소매밑은 가장자리 1코 안쪽에서 돌려뜨기로 코를 늘려 뜹니다.
3. 옆단, 소매밑, 래글런 선은 떠서 꿰매기, 겨드랑이 아래는 맞춤 표시끼리 메리야스 잇기로 연결합니다.
4. 밑단과 소맷부리는 코를 만든 별도의 사슬을 풀어서 코를 줍고 배색무늬 2코 고무뜨기를 원형으로 뜬 뒤 마지막은 안쪽에서 덮어씌워 코막음합니다.
5. 옷깃은 몸판과 소매에서 코를 주워 원형으로 뜨고 마지막은 안쪽에서 덮어씌워 코막음합니다.

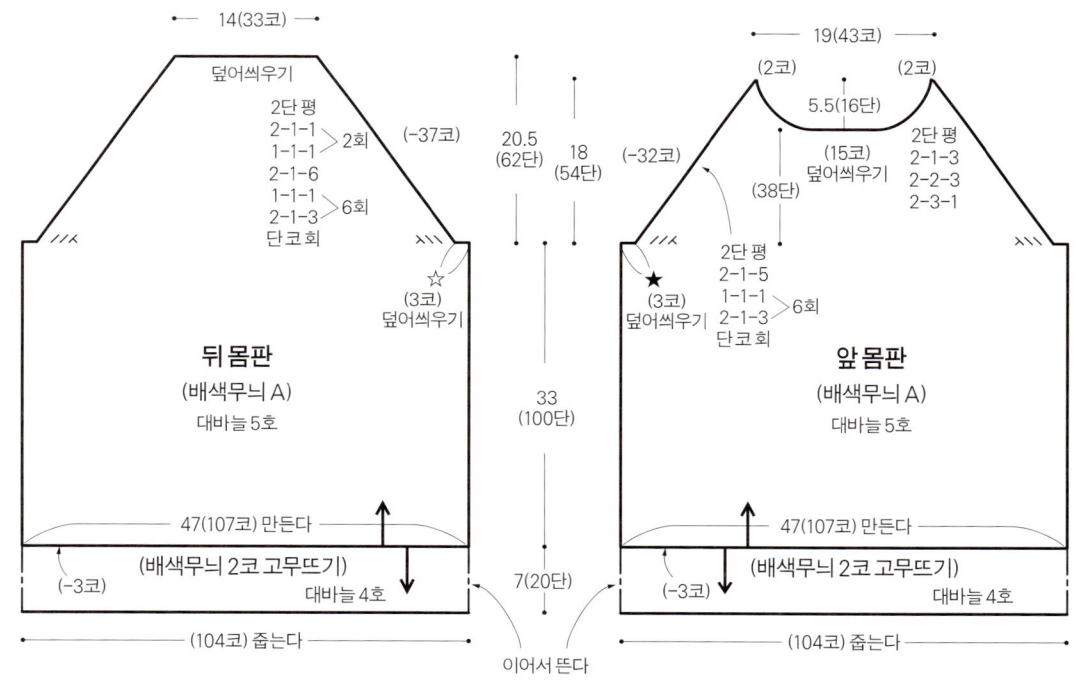

※ ☆·★은 맞춤 표시끼리 맞대어 메리야스 잇기

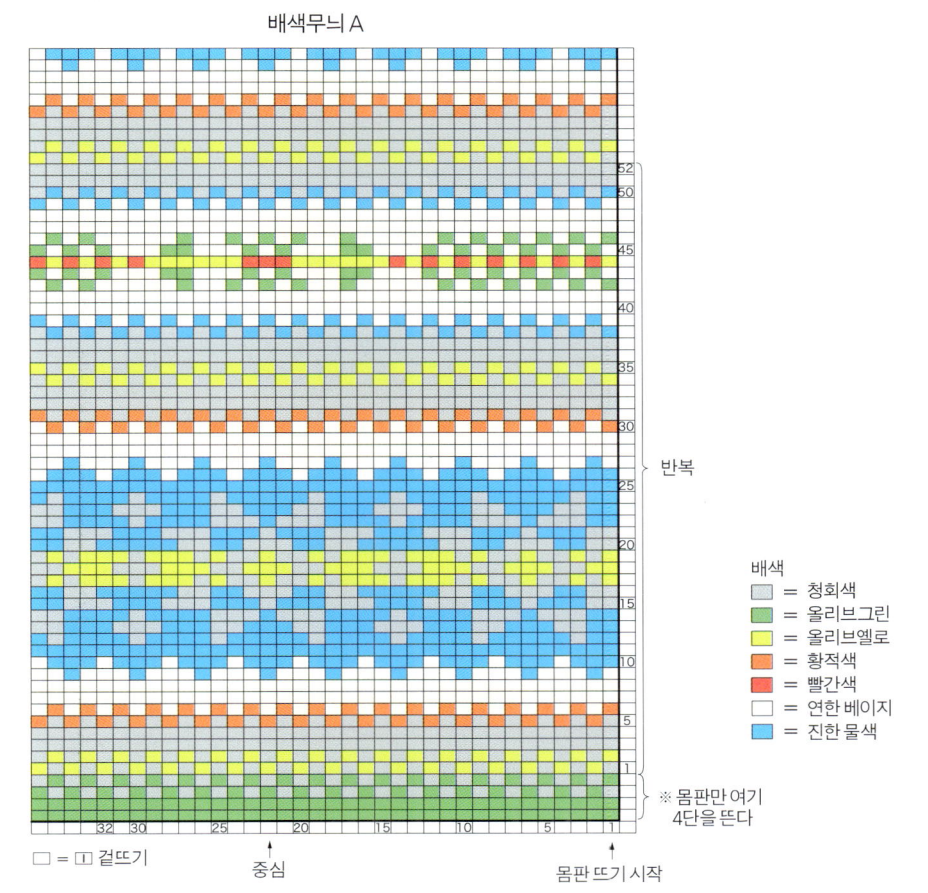

45

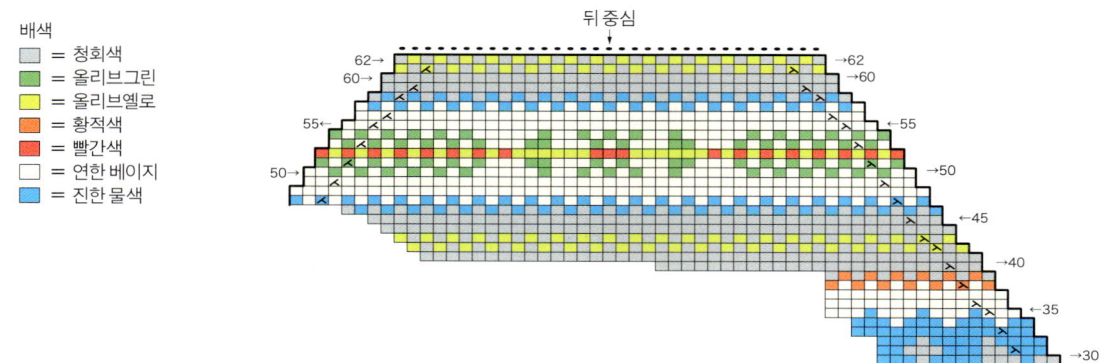

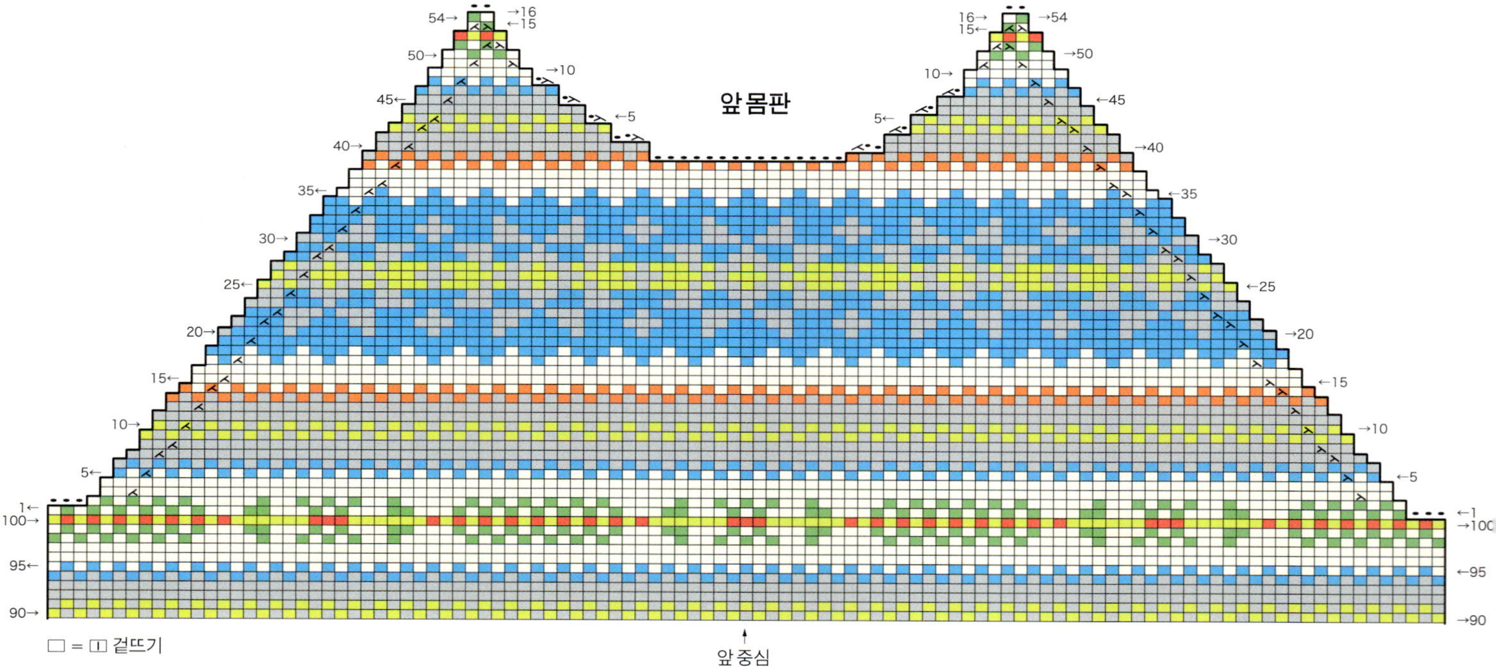

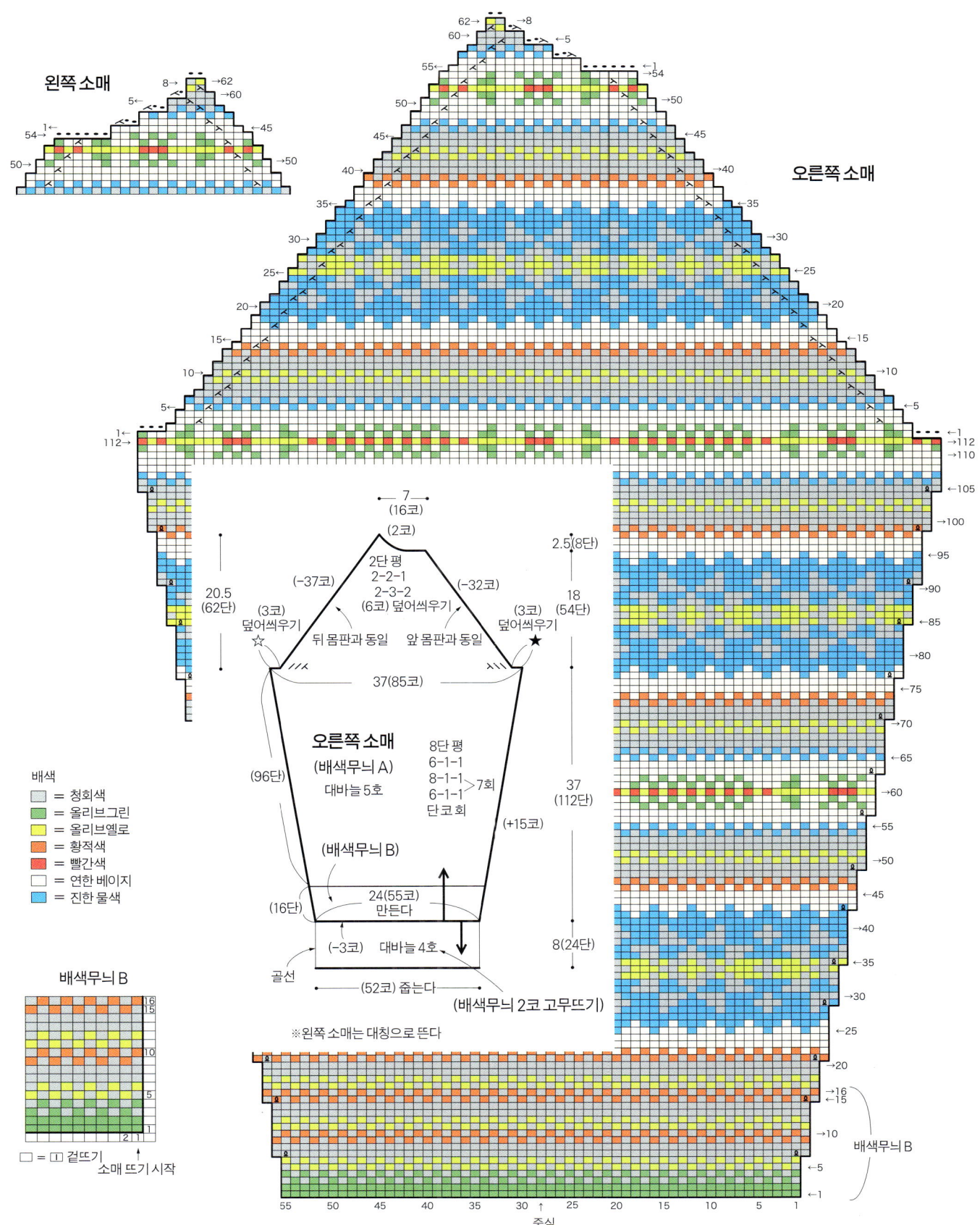

F / Legwarmers page 17 배색무늬 레그 워머

재료와 도구
실…리치모어 캐멀 트위드
　청회색(3) 45g=2타래
리치모어 퍼센트
　올리브그린(13) 20g, 진한 물색(110) 15g, 빨간색(74) 10g, 올리브옐로(14)·황적색(87)·연한 베이지(105) 각 5g=각 1타래
바늘…대바늘 5호(3.5mm), 4호(3.0mm)

게이지
사방 10cm 배색무늬(대바늘 4호): 24.5코·29단

완성 사이즈
발목둘레 26cm, 길이 40cm

뜨는 방법
1. 발목 위치에서 별도의 사슬코 산을 주워 코를 만들고 실을 가로로 걸치는 방법으로 배색무늬를 원형으로 뜹니다. 지정한 호수의 대바늘로 증감 없이 뜹니다.
2. 이어서 배색무늬 2코 고무뜨기를 원형으로 뜨고 마지막은 안쪽에서 덮어씌워 코막음합니다.
3. 코를 만든 별도의 사슬을 풀면서 코를 대바늘에 옮기고 배색무늬 2코 고무뜨기를 원형으로 뜬 뒤, 마지막은 안쪽에서 덮어씌워 코막음합니다.

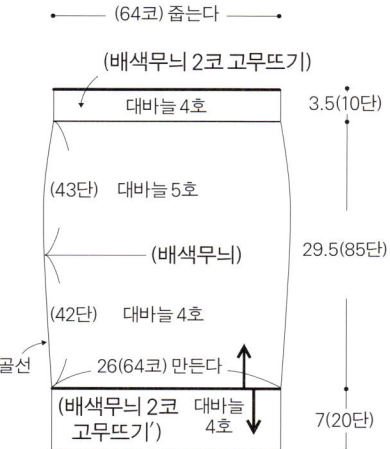

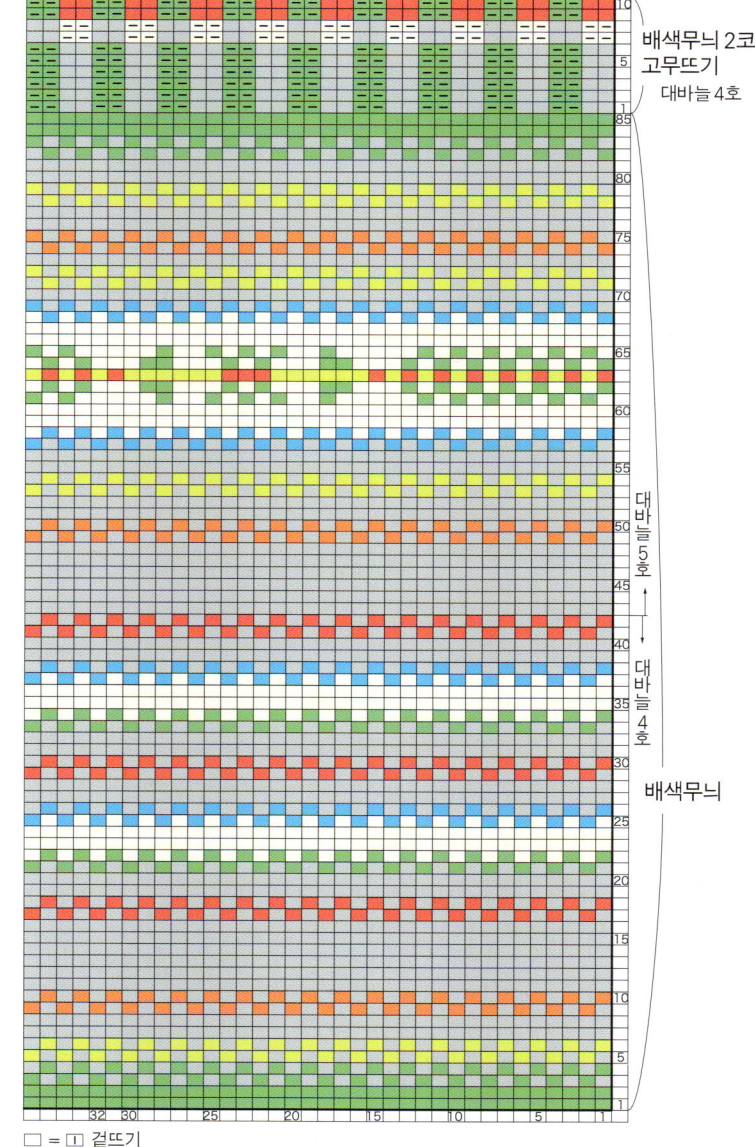

배색
　= 청회색
　= 올리브그린
　= 올리브옐로
　= 황적색
　= 빨간색
　= 연한 베이지
　= 진한 물색

□ = 겉뜨기

F / Stole page 16 배색무늬 스톨

재료와 도구

실…리치모어 캐멀 트위드
　청회색(3) 55g=3타래
리치모어 퍼센트
　연한 베이지(105) 70g=2타래
　진한 물색(110) 50g=2타래
　올리브그린(13) 15g, 빨간색(74) 15g, 올리브옐로(14)·황적색(87) 각 5g=각 1타래
바늘…대바늘 5호(3.5mm), 4호(3.0mm)

게이지

사방 10cm 배색무늬 A·B·B'·C: 23코·30단, D: 23코·29단

완성 사이즈

폭 25cm, 길이 179cm

뜨는 방법

1. 아랫부분에서 별도의 사슬코 산을 주워 코를 만들고 실을 가로로 걸치는 방법으로 배색무늬를 뜹니다. 양 끝의 코는 걸러뜨기합니다. 도안과 같이 배색무늬 D까지 증감 없이 뜹니다.
2. 이어서 배색무늬 2코 고무뜨기를 뜨는데, 1단에서 1코를 줄입니다. 마지막은 안쪽에서 덮어씌워 코막음합니다.
3. 코를 만든 별도의 사슬을 풀면서 코를 대바늘에 옮기고 2를 반복합니다.

배색무늬 A

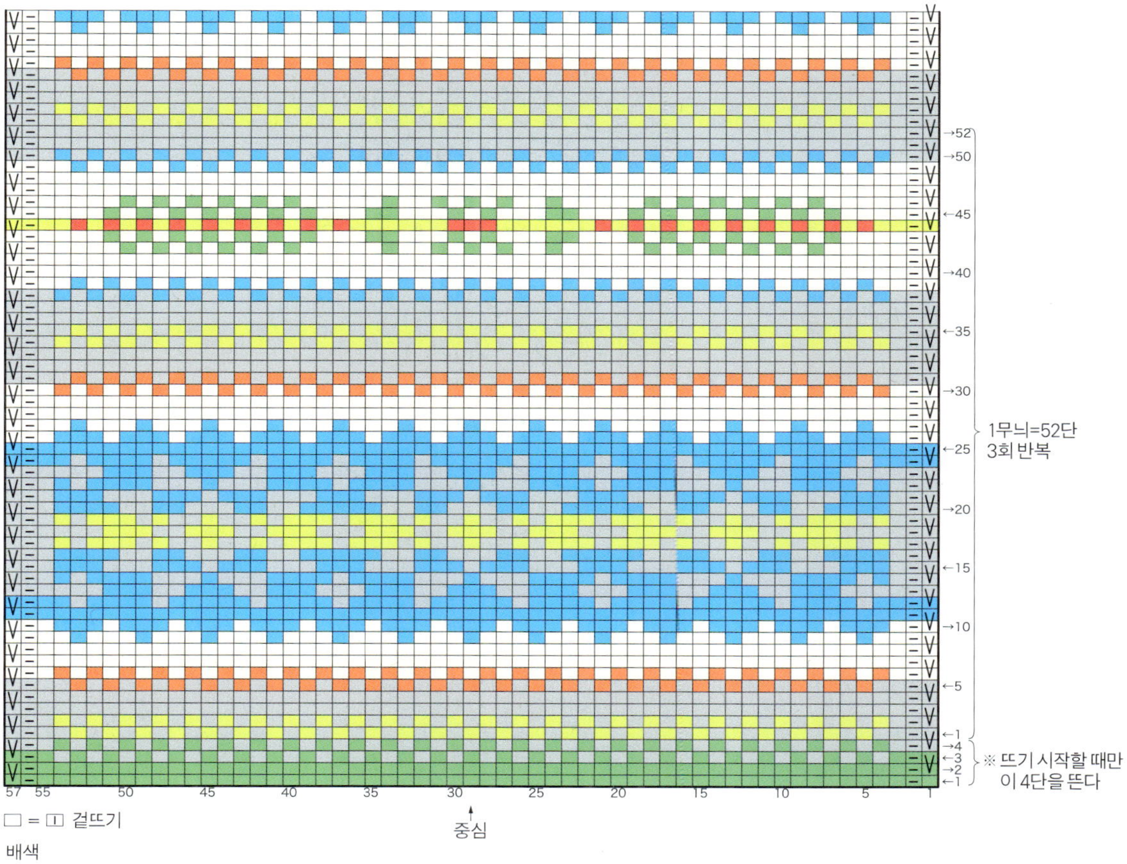

1무늬=52단 3회 반복

※ 뜨기 시작할 때만 이 4단을 뜬다

□ = ① 겉뜨기

중심

배색

　□ = 청회색
　■ = 올리브그린
　■ = 올리브옐로
　■ = 황적색
　■ = 빨간색
　□ = 연한 베이지
　■ = 진한 물색

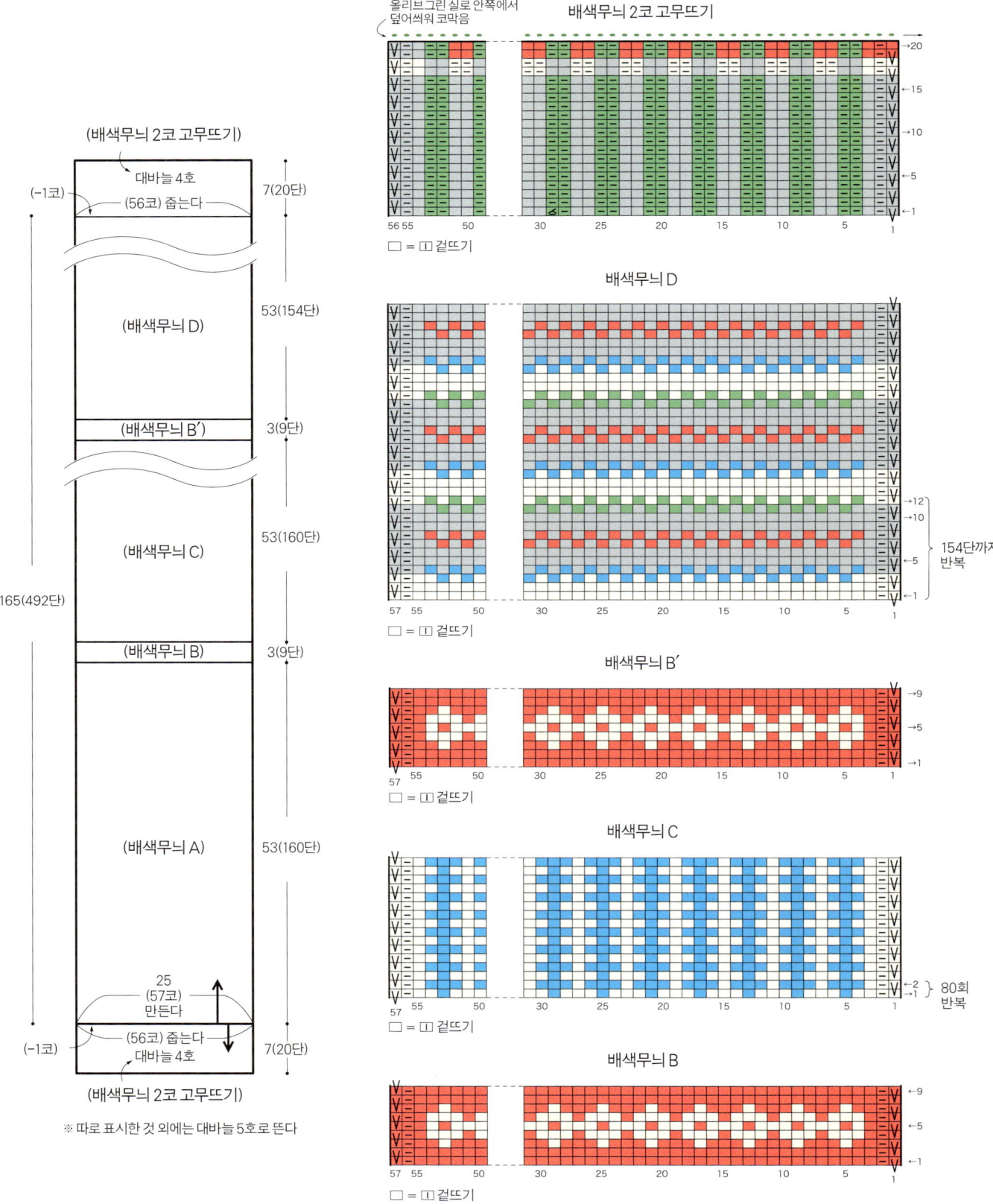

G / Cardigan page 20 앙고라 배색무늬 카디건

재료와 도구

실…리치모어 앙고라 에이티
  모카브라운(7) 75g=4타래
  회색(32) 65g=4타래

리치모어 스펙트르 모뎀 '파인'
  진갈색(308) 140g=4타래
  물색(304) 85g=3타래
  새먼핑크(306) 80g=2타래
  로즈핑크(320) 75g=2타래

바늘…대바늘·8호(4.5mm)·6호(3.5mm), 코바늘 7/0호

단추…지름 2cm 8개

게이지

사방 10cm 배색무늬 A: 19코·31.5단, B: 19코·23단, C: 19코·37단, D: 19코·29단, E: 19코·43단, F: 19코·26단

완성 사이즈

가슴둘레 97.5cm, 기장 64.5cm, 화장 85cm

뜨는 방법

1 밑단 위치에서 별도의 사슬코 산을 주워 코를 만들고 앞뒤 몸판을 이어서 실을 가로로 걸치는 방법으로 배색무늬를 뜹니다. 뒤 몸판은 앞 몸판보다 8단 더 뜹니다. 마지막 코는 쉬게 합니다.
2 소매는 몸판과 마찬가지로 뜨기 시작해 소매밑은 가장자리 1코 안쪽에서 돌려뜨기로 코를 늘립니다. 소매밑은 떠서 꿰매기로 연결하고 소맷부리는 도안을 참고해 엄지 구멍을 남깁니다.
3 바대는 몸판과 소매에서 코를 줍고, 분산해 코를 줄여 뜹니다.
4 밑단의 2코 고무뜨기를 뜨고 마지막은 2코 고무뜨기 코막음을 합니다.
5 겨드랑이 아래는 맞춤 표시끼리 메리야스 잇기, 코와 단 잇기로 연결합니다.
6 덧단은 그림과 같이 오른쪽 덧단에 단춧구멍을 만들고 마지막은 덮어씌워 코막음합니다.
7 옷깃은 바대와 덧단에서 코를 주워 뜹니다.
8 단추를 답니다.

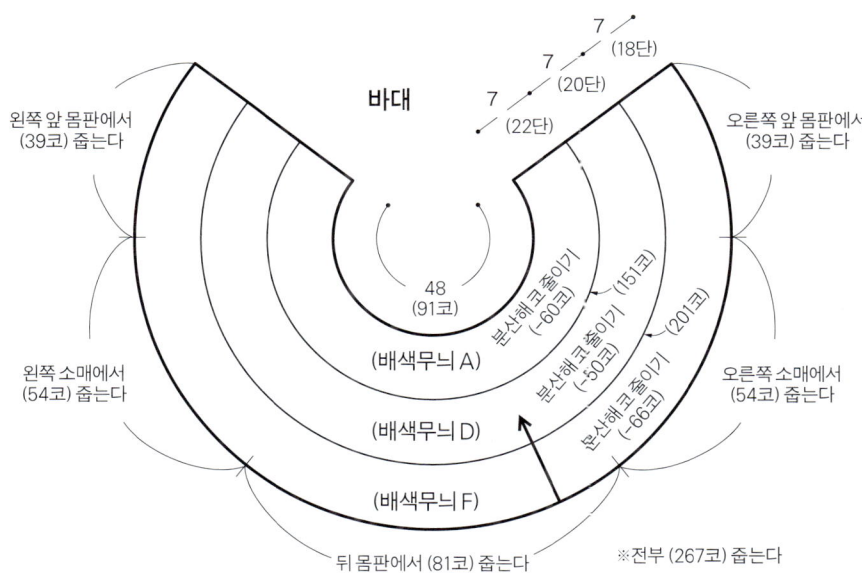

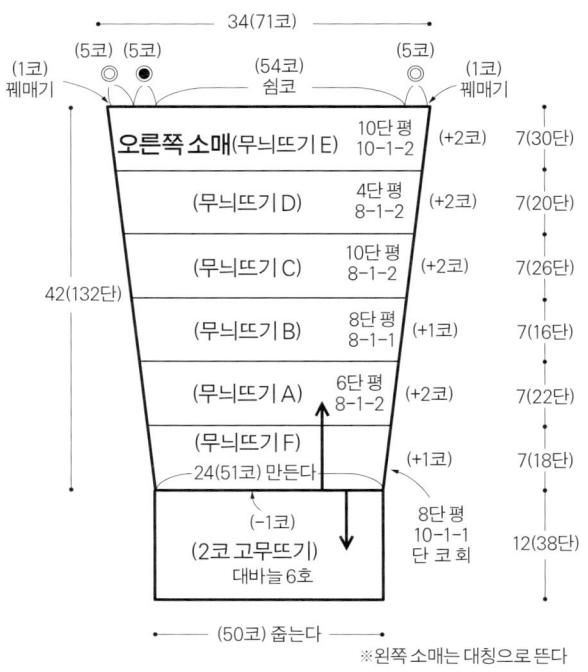

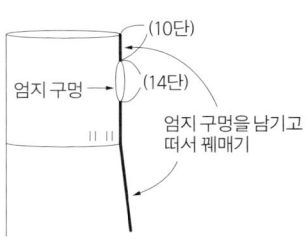

소맷부리 꿰매는 방법

※ 따로 표시한 것 외에는 대바늘 8호로 뜬다
※ 맞춤 표시끼리 맞대어 ◎는 메리야스 잇기, ⦿는 코와 단 잇기

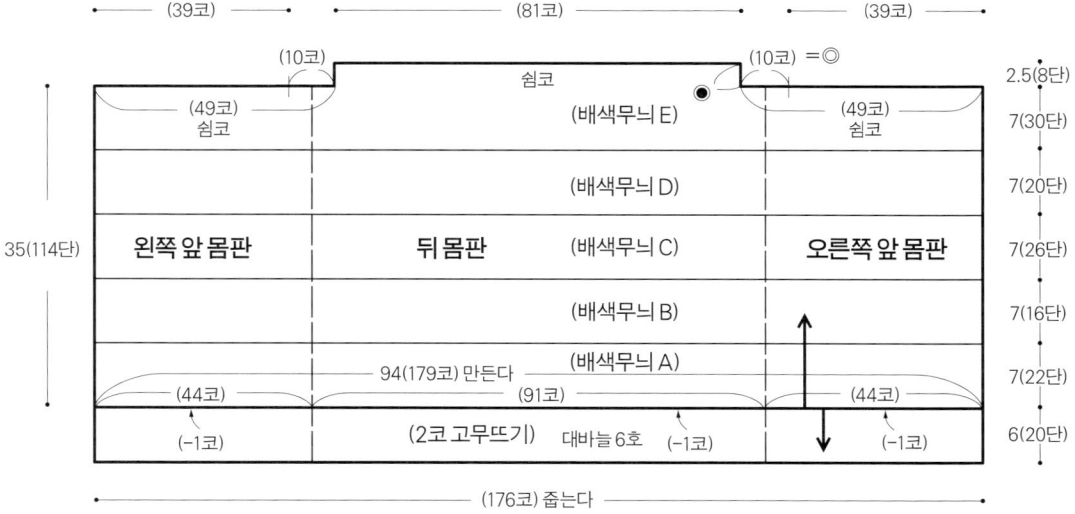

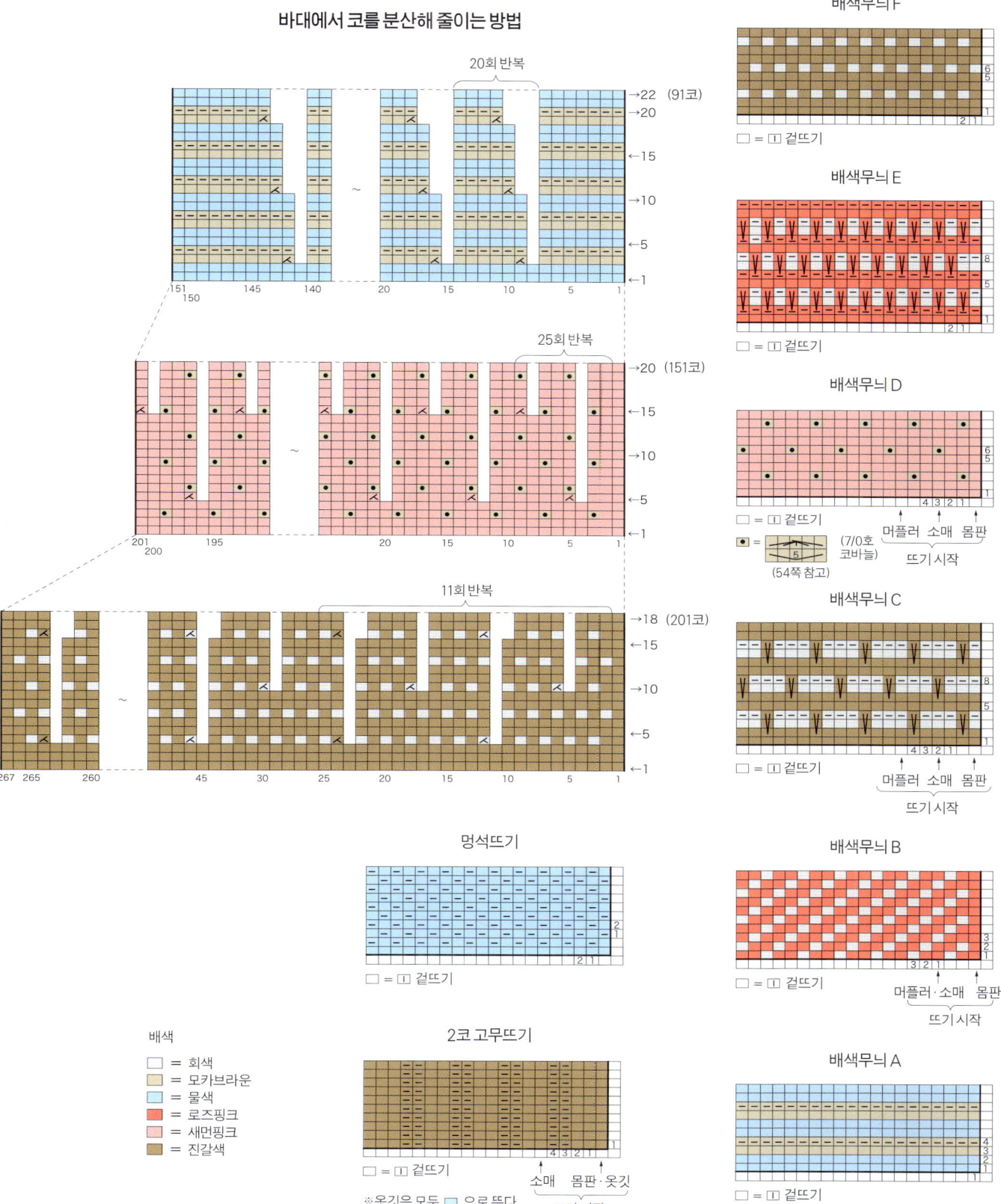

옷깃 (2코 고무뜨기) 대바늘 6호

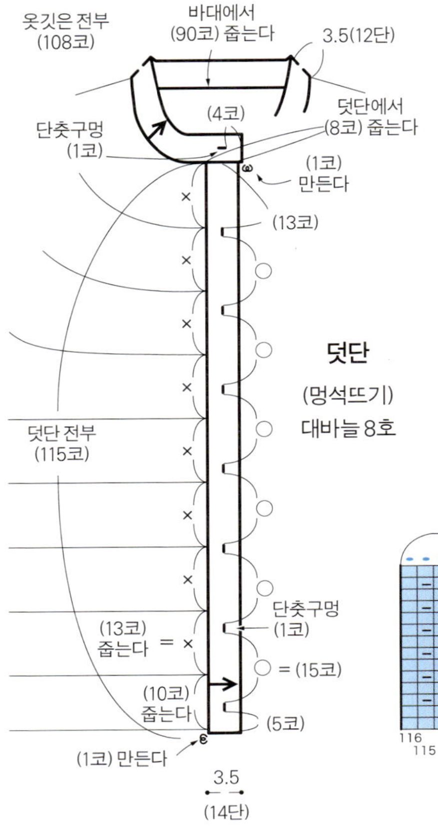

옷깃은 전부
(108코)
바대에서
(90코) 줍는다
3.5(12단)
(4코)
덧단에서
(8코) 줍는다
단춧구멍
(1코)
(1코)
만든다
(13코)
덧단
(멍석뜨기)
대바늘 8호
덧단 전부
(115코)
단춧구멍
(1코)
(13코)
줍는다 = ×
○ = (15코)
(10코)
줍는다
(5코)
(1코) 만든다
3.5
(14단)

옷깃과 단춧구멍 뜨는 방법

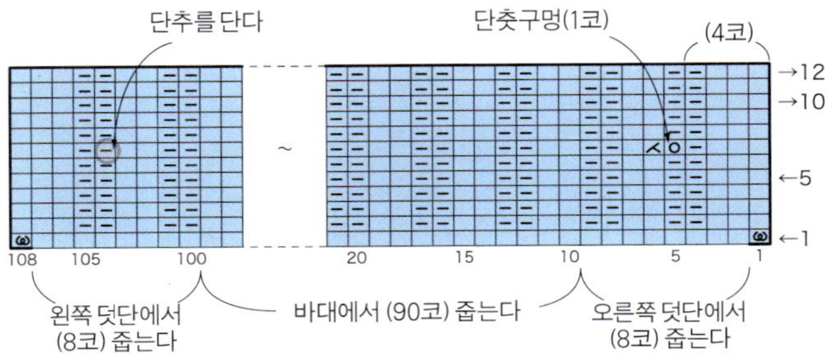

단추를 단다
단춧구멍(1코)
(4코)
→12
→10
←5
←1
108
105
100
20
15
10
5
1
왼쪽 덧단에서
(8코) 줍는다
바대에서 (90코) 줍는다
오른쪽 덧단에서
(8코) 줍는다

오른쪽 덧단과 단춧구멍 뜨는 방법

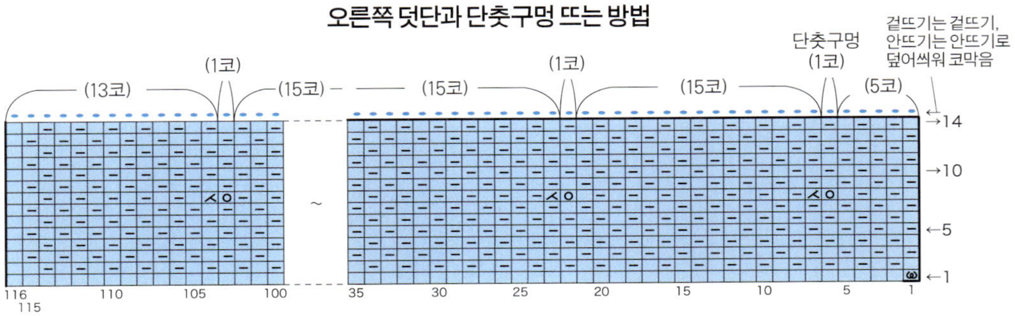

단춧구멍
(1코)
겉뜨기는 겉뜨기,
안뜨기는 안뜨기로
덮어씌워 코막음
(1코)
(1코)
(13코)
(15코)
(15코)
(15코)
(5코)
→14
→10
←5
←1
116
115
110
105
100
35
30
25
20
15
10
5
1

배색무늬 D

겉에서 뜨는 단

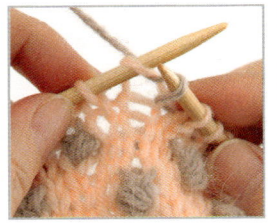

1 겉뜨기합니다.

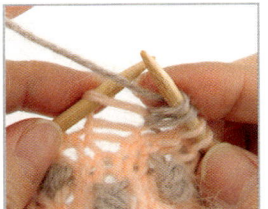

2 뜬 코는 대바늘에 건 채로 바늘비우기를 합니다.

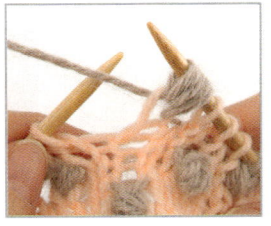

3 1~2를 반복해 5코를 떠 냅니다.

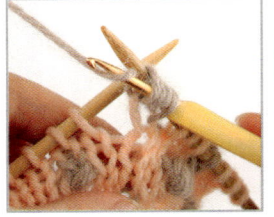

4 뜬 코에 코바늘을 넣어 실을 걸고

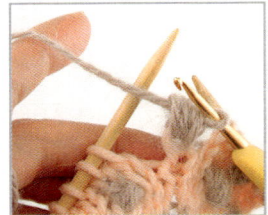

5 빼낸 뒤, 대바늘에서 코를 빼냅니다.

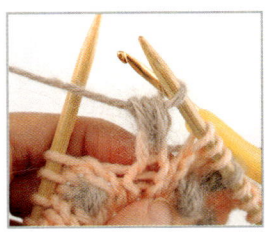

6 대바늘에 코를 옮기고 도안을 따라 떠 나갑니다.

안에서 뜨는 단

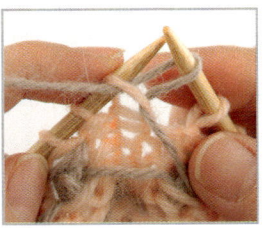

1 안뜨기합니다.

2 뜬 코는 대바늘에 건 채로 바늘비우기를 합니다.

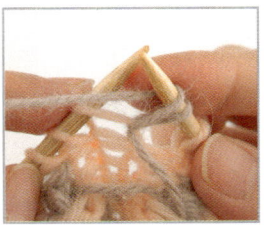

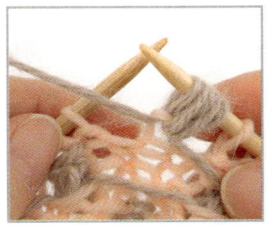

3 1~2를 반복해 5코를 떠 냅니다.

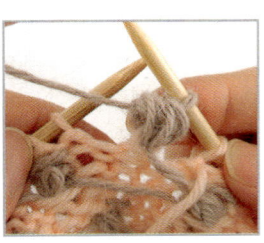

4 겉에서 뜨는 단의 4~5와 같이 합니다.

G / Muffler page 20 앙고라 배색무늬 머플러

재료와 도구
실…리치모어 앙고라 에이티
  회색(32) 20g, 모카브라운(7) 5g=각 1타래
리치모어 스펙트르 모뎀 '파인'
  진갈색(308) 85g=3타래, 물색(304)·새먼핑크(306)·로즈핑크(320) 각 5g=각 1타래
바늘…대바늘 8호(4.5mm)

게이지
사방 10cm 배색무늬 A: 19코·31.5단, B: 19코·23단,
C: 19코·37단, D: 19코·29단, F: 19코·26단

완성 사이즈
폭 20cm, 길이 120cm

뜨는 방법
1 손가락에 실을 걸어서 코를 만들어 뜨기 시작합니다. 가터뜨기를 8단 뜨고, 배색무늬를 넣으며 실을 가로로 걸치는 방법으로 뜹니다. 가터뜨기와 배색무늬 경계는 배색실을 세로로 걸쳐서 뜹니다.
2 배색무늬 F를 28단 뜬 뒤 왼쪽 19코를 쉬게 하고 오른쪽 20코를 뜹니다. 16단 뜬 뒤 오른쪽을 쉬게 하고 새로 실을 달아서 왼쪽을 뜹니다.
3 도안을 따라 끝까지 뜨고 마지막은 덮어씌워 코막음합니다.
4 끼우는 구멍에 빼뜨기를 한 바퀴 떠서 정돈합니다.

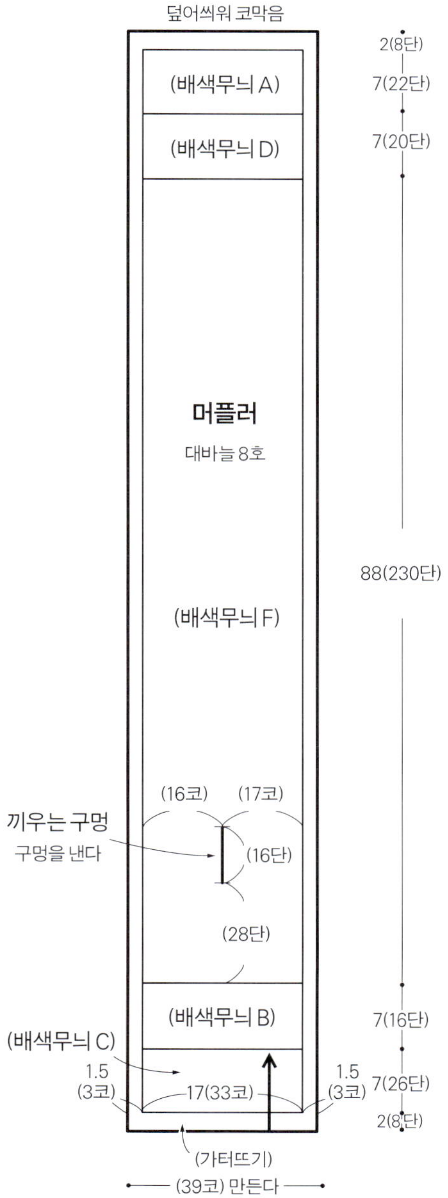

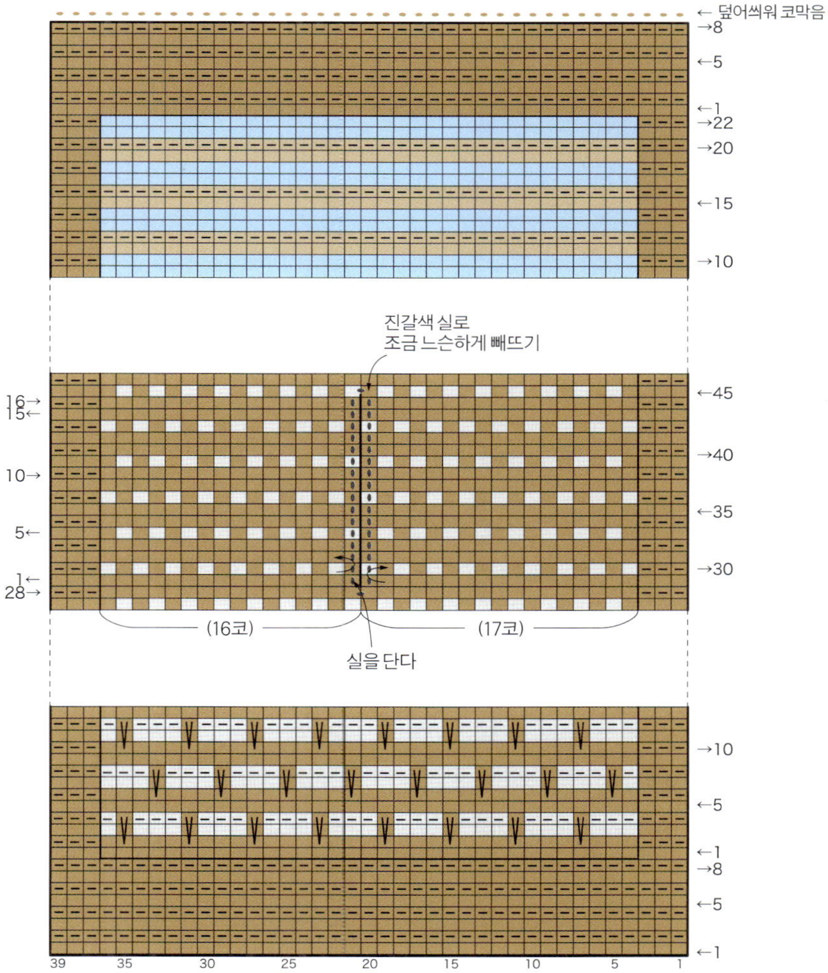

□ = ⊡ 겉뜨기
※배색무늬 A~F는 53쪽 참고

H / Vest page 21 배색무늬 베스트

재료와 도구

실…리치모어 캐멀 트위드
  진한 올리브그린(5) 140g=6타래
리치모어 퍼센트
  리치모어 잿빛 연보라색(54) 35g, 베이지(19) 30g, 청회색(24) 25g, 연한 올리브그린(17) 10g, 남색(28)·잿빛 파란색(44) 각 5g=각 1타래
바늘…대바늘 5호(3.5mm), 4호(3.0mm)

게이지

사방 10cm 메리야스뜨기(대바늘 4호): 21.5코·34단
배색무늬(대바늘 5호): 22.5코·30단

완성 사이즈

가슴둘레 104cm, 어깨너비 41cm, 기장 65cm

뜨는 방법

1 밑단 위치에서 별도의 사슬코 산을 주워 코를 만들고 뒤 몸판은 메리야스뜨기, 앞 몸판은 실을 가로로 걸치는 방법으로 배색무늬를 뜹니다. 진동둘레와 목둘레는 가장자리 1코를 세워 코를 줄입니다. 앞 목둘레 중앙의 코는 쉬게 합니다. 어깨는 되돌아뜨기합니다.

2 어깨는 겉끼리 맞대고 덮어씌워 잇기를 하는데, 앞 몸판 소맷부리 쪽에서 2코 모아뜨기로 코를 줄여 앞뒤 몸판의 콧수를 맞춥니다. 옆선은 단수를 조정해 떠서 꿰매기로 연결합니다(진한 올리브그린 실).

3 밑단은 코를 만든 별도의 사슬을 풀어서 코를 줍고 뒤 몸판은 콧수 그대로, 앞 몸판은 1단에서 균등하게 코를 줄여 배색무늬 2코 고무뜨기를 원형으로 뜬 뒤 마지막은 안쪽에서 덮어씌워 코막음합니다.

4 옷깃과 진동둘레는 몸판에서 코를 줍고 배색무늬 2코 고무뜨기를 원형으로 뜹니다. 브이넥 끝은 도안을 참고해 앞 중앙의 코를 세워 줄입니다.

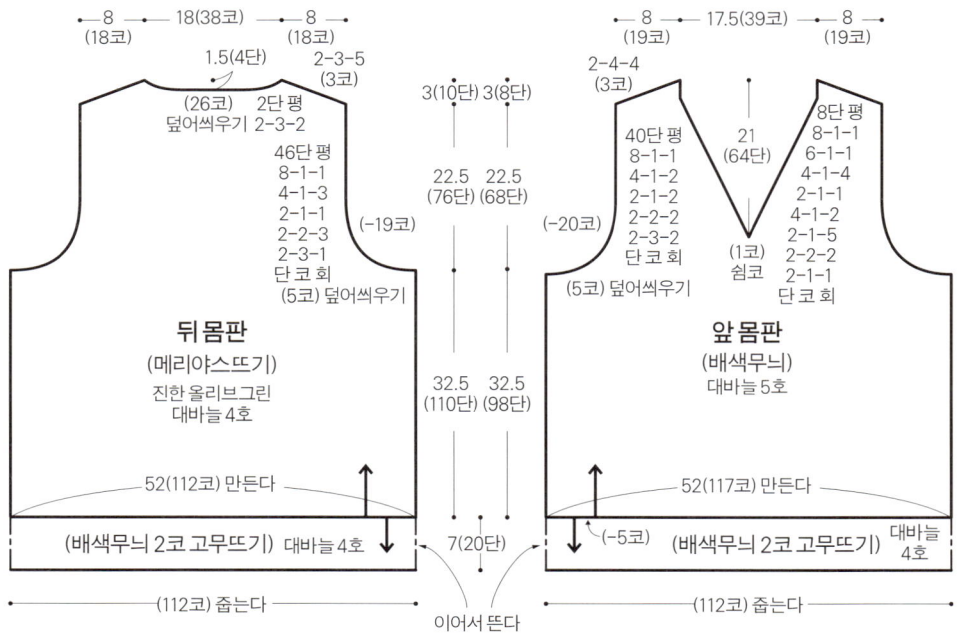

배색무늬 2코 고무뜨기

배색
- □ = 베이지
- □ = 잿빛 파란색
- ■ = 진한 올리브그린
- □ = 연한 올리브그린
- □ = 청회색
- □ = 잿빛 연보라색
- ■ = 남색

□ = ① 겉뜨기

배색무늬

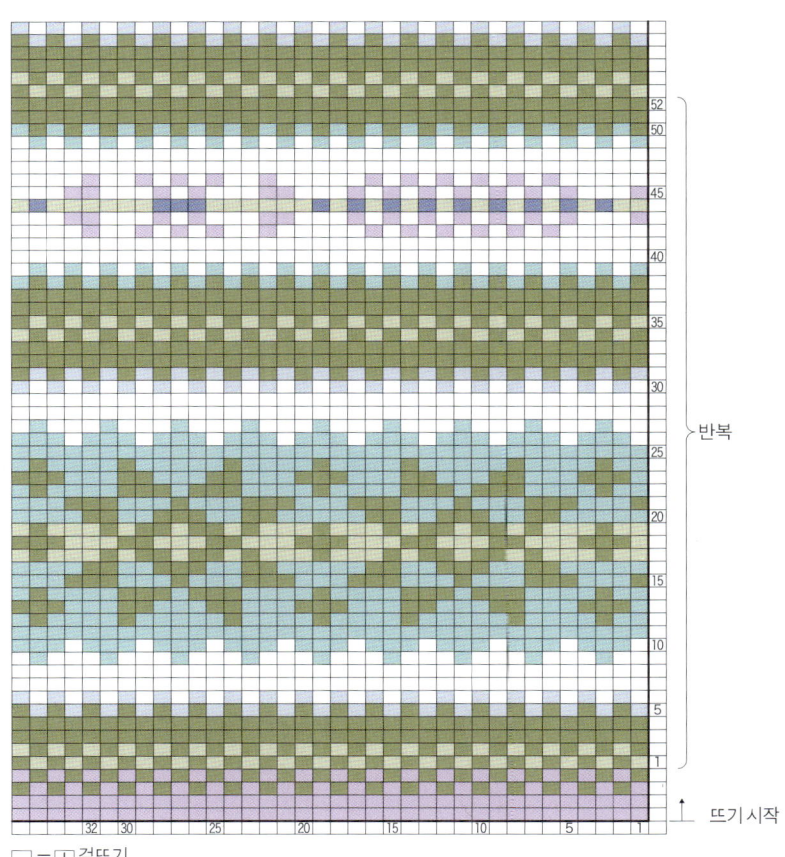

□ = ① 겉뜨기

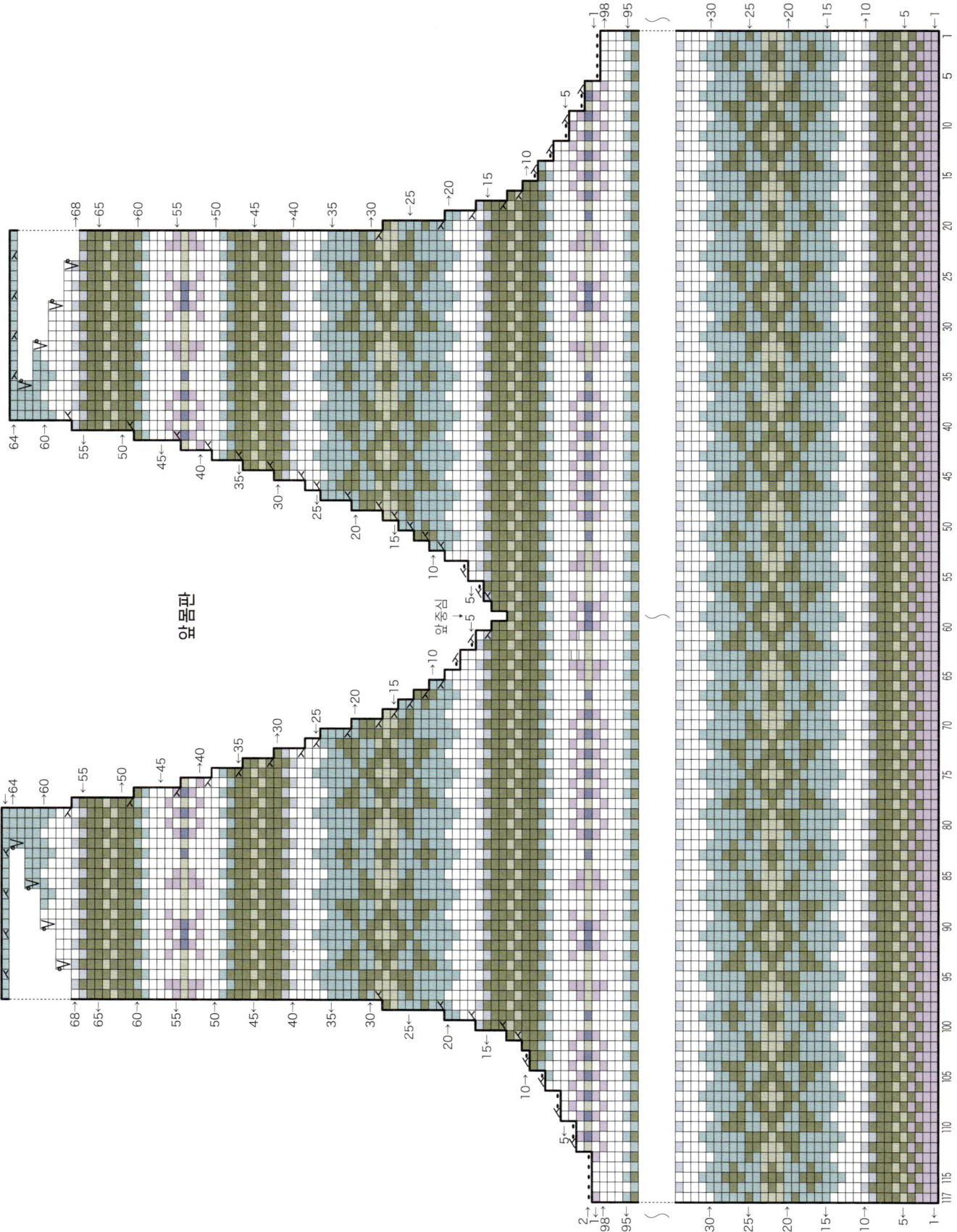

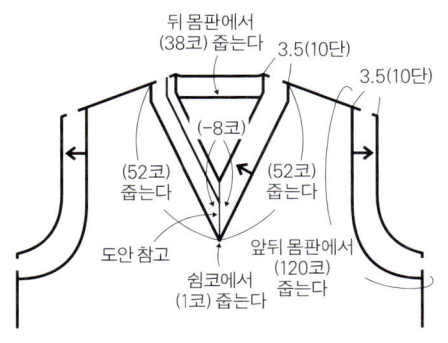

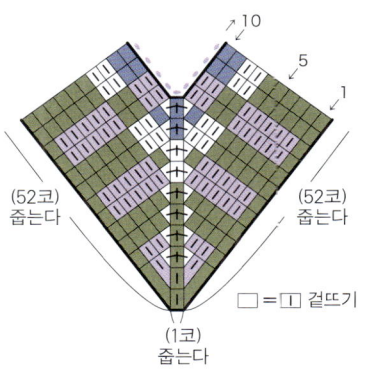

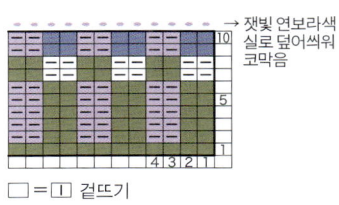

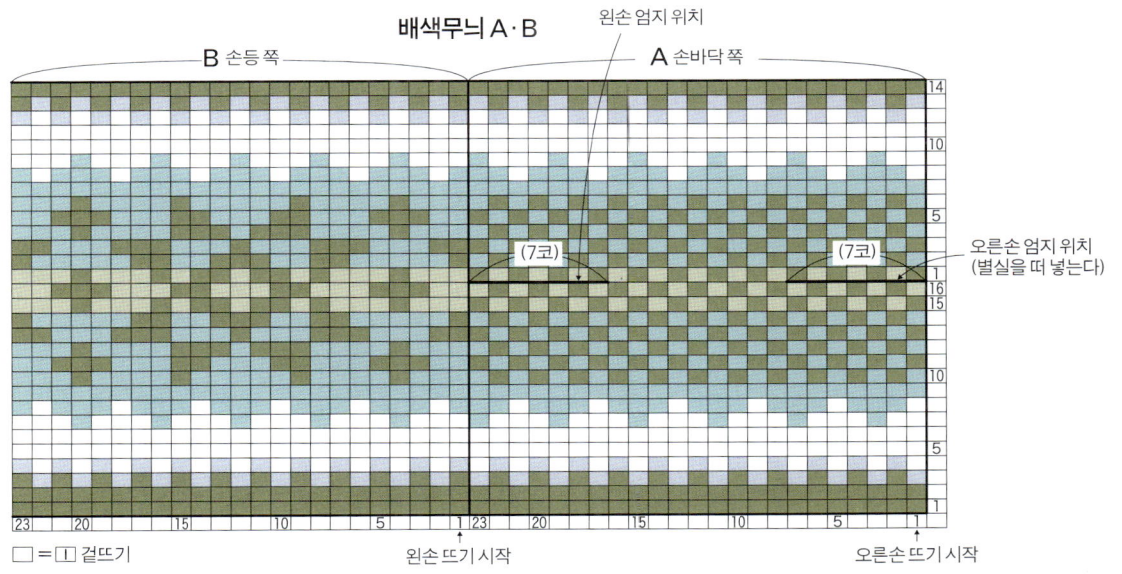

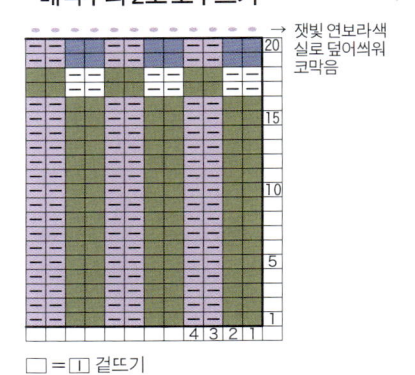

I / Gloves page 23 배색무늬 장갑

재료와 도구

실…리치모어 캐멀 트위드
　진한 올리브그린(5) 11g=1타래
리치모어 퍼센트
　남색(28) 11g, 청회색(24) 7g, 잿빛 연보라색(54) 6g, 연한 올리브그린(17) 6g, 베이지(19) 4g, 잿빛 파란색(44) 2g=각 1타래
바늘…대바늘 5호(3.5mm), 4호(3.0mm)

게이지

사방 10cm 배색무늬: 23코·28.5단
메리야스뜨기: 23코·28단

완성 사이즈

손바닥 둘레 20cm, 길이 26cm

뜨는 방법

1 손목 위치에서 별도의 사슬코 산을 주워 코를 만들고 실을 가로로 걸치는 방법으로 배색무늬 A·B를 넣어 원형으로 뜹니다. 엄지 위치는 별실을 떠 넣습니다(41쪽 참고).
2 검지는 ▲에서 1코를 만들어 원형으로 뜨고 마지막은 덮어씌워 코막음합니다. 중지와 약지는 ▲에서 1코를 만들고 △에서 코를 주워 원형으로 뜬 뒤 마지막 단에 실을 꿰어 조입니다. 소지는 △에서 코를 주워 11코를 원형으로 뜹니다.
3 엄지는 41쪽을 참고해 코를 주워 뜨고 마지막은 덮어씌워 코막음합니다.
4 손목의 배색무늬 2코 고무뜨기는 코를 만든 별도의 사슬을 풀어서 코를 줍고 원형으로 뜹니다. 마지막은 안쪽을 보고 덮어씌워 코막음합니다.
5 왼손은 대칭으로 뜹니다.

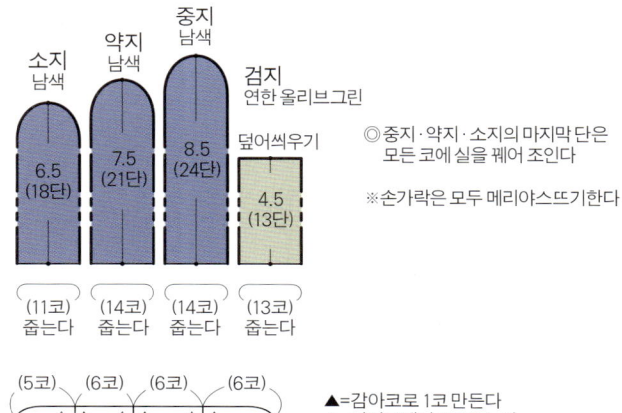

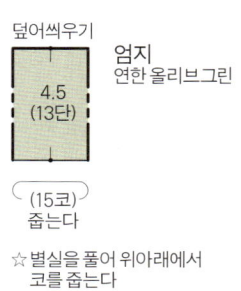

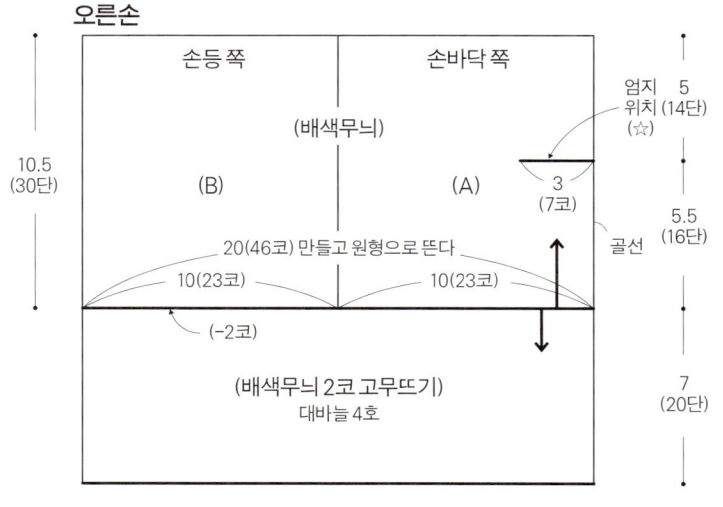

※따로 표시한 것 외에는 대바늘 5호로 뜬다
※왼손은 대칭으로 뜬다
☆엄지 위치는 별실을 떠 넣는다

M / Beret page32 배색무늬 베레모

재료와 도구

실…리치모어 캐멀 트위드
　베이지(1) 17g=1타래
리치모어 퍼센트
　파란 장미색(66) 10g, 연지색(63) 8g, 연한 새먼옐로(81) 5g, 올리브그린(13) 4g, 새먼핑크(79) 3g, 주홍색(73) 3g=각 1타래
바늘…대바늘 5호(3.5㎜), 4호(3.0㎜)

게이지

사방 10㎝ 배색무늬: 22코・30단

완성 사이즈

머리둘레 54㎝, 깊이 21.5㎝

뜨는 방법

1. 입구 위치에서 별도의 사슬코 산을 주워 코를 만들고 실을 가로로 걸치는 방법으로 배색무늬를 원형으로 뜹니다. 도안을 따라 분산해 코 늘리기와 코 줄이기를 하고 마지막 단의 코는 실을 2번 꿰어 조입니다.
2. 입구는 코를 만든 별도의 사슬을 풀어서 코를 줍고 배색무늬 2코 고무뜨기를 뜹니다. 마지막은 안쪽에서 덮어씌워 코막음합니다.

배색무늬

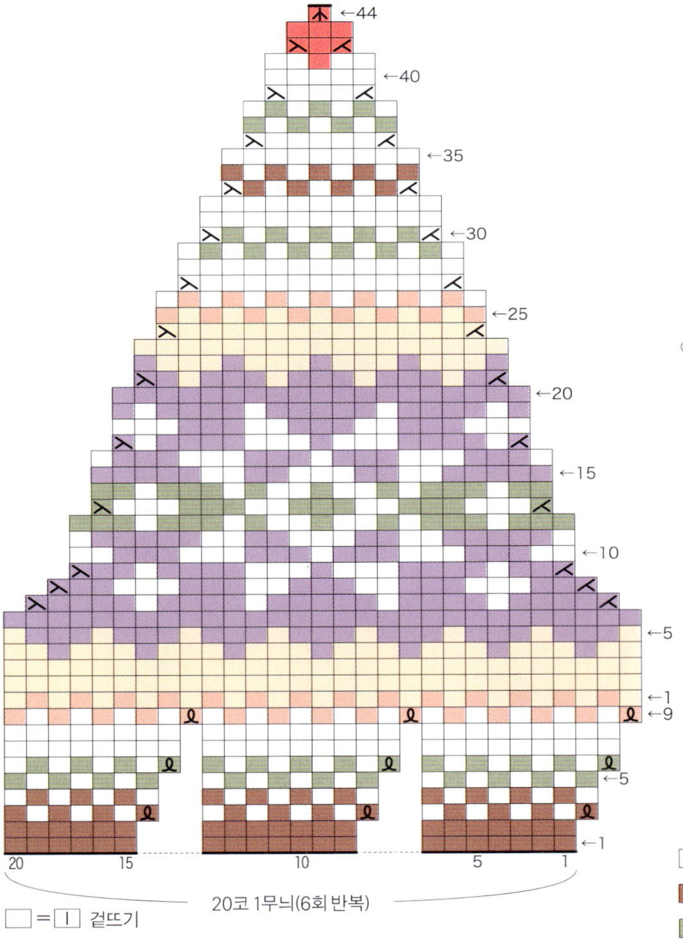

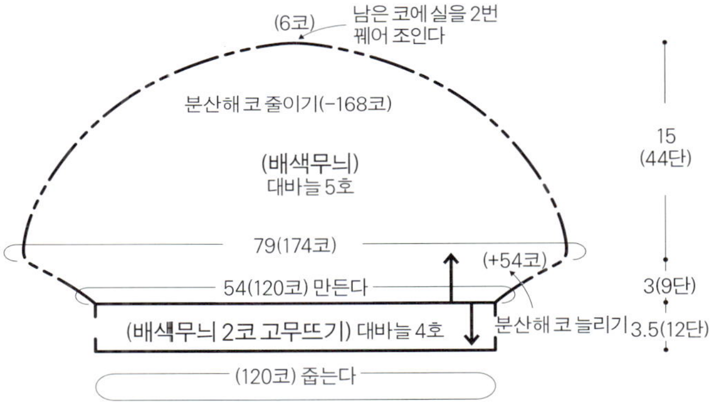

배색

- □ = 베이지
- ■ = 연지색
- ■ = 올리브그린
- ■ = 새먼핑크
- ■ = 파란 장미색
- ■ = 연한 새먼옐르
- ■ = 주홍색

□ = Ⅰ 겉뜨기

배색무늬 2코 고무뜨기

□ = Ⅰ 겉뜨기

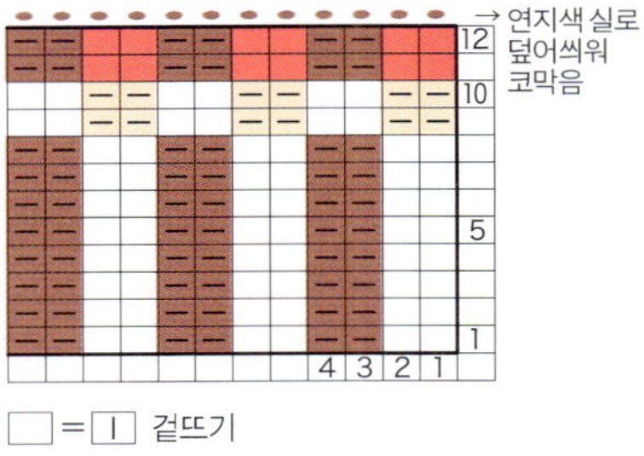

I / Cap page 22 배색무늬 모자

재료와 도구
실…리치모어 캐멀 트위드
　진한 올리브그린(5) 20g=1타래
리치모어 퍼센트
　잿빛 연보라색(54) 18g, 베이지(19) 8g, 청회색(24) 7g, 연한 올리브그린(17)·남색(28)·잿빛 파란색(44) 각 3g=각 1타래
바늘…대바늘 5호(3.5mm)

게이지
사방 10cm 배색무늬: 21.5코·30단

완성 사이즈
머리둘레 50cm, 깊이 22cm

뜨는 방법
1. 입구 위치에서 별도의 사슬코 산을 주워 코를 만들고 실을 가로로 걸치는 방법으로 배색무늬를 원형으로 뜹니다. 도안을 따라 분산해 코를 줄이고 마지막 단의 코는 실을 2번 꿰어 조입니다.
2. 코를 만든 별도의 사슬을 풀어서 코를 줍고 안쪽을 보며 배색무늬 2코 고무뜨기a·b를 뜹니다. 마지막은 덮어씌워 코막음합니다.
3. 7색 실 각 1가닥을 합친 7가닥으로 방울을 만들고 꼭대기에 꿰매어 답니다.

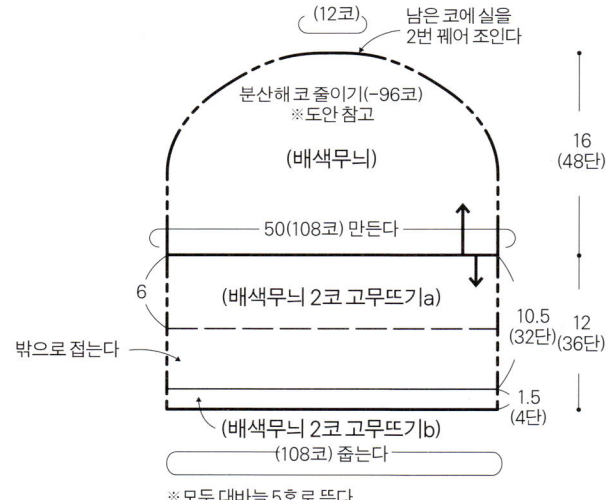

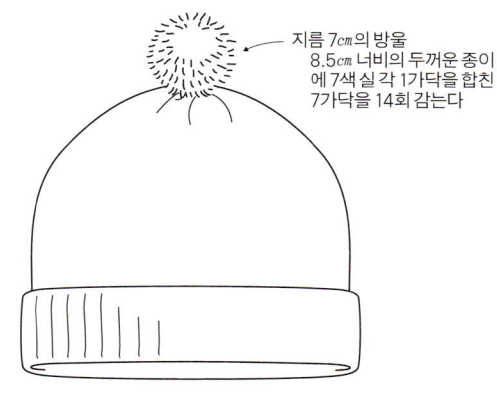

배색무늬

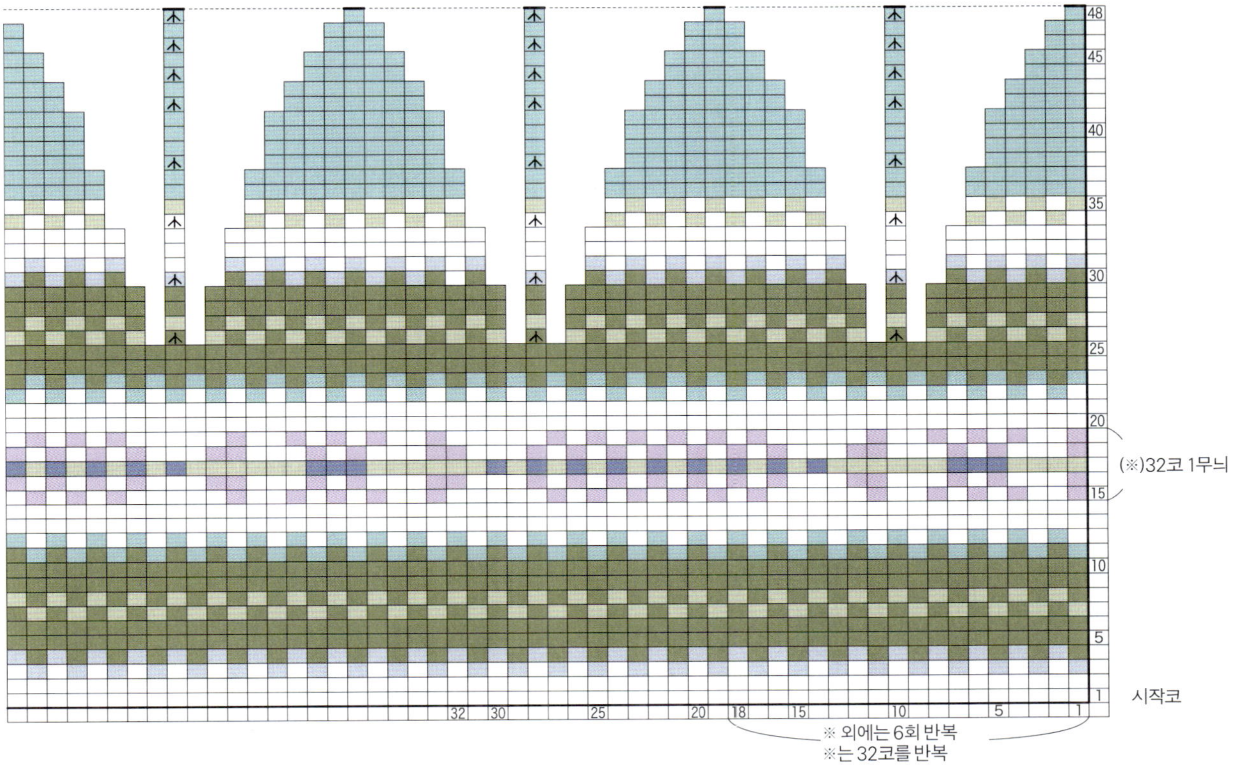

※ 외에는 6회 반복
※는 32코를 반복
(※)32코 1무늬
시작코

배색무늬 2코 고무뜨기

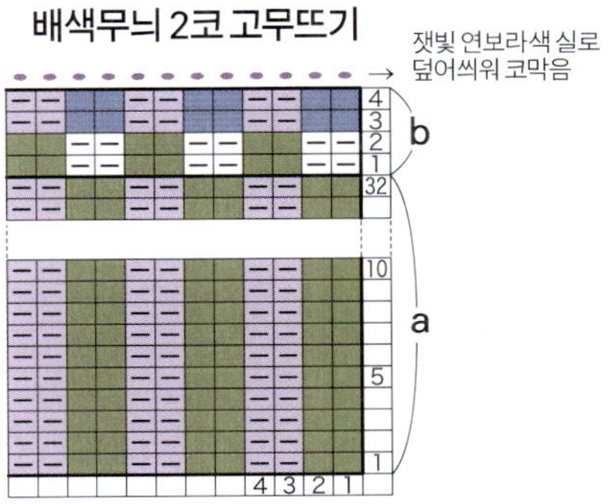

잿빛 연보라색 실로 덮어씌워 코막음

□ = [ ] 겉뜨기

배색
- □ = 베이지
- = 젓빛 파란색
- = 진한 올리브그린
- = 연한 올리브그린
- = 청회색
- = 젓빛 연보라색
- = 남색

M / Cardigan page 32 배색무늬 카디건

재료와 도구
실…리치모어 캐멀 트위드
　베이지(1) 210g=9타래
　리치모어 퍼센트
　연지색(63) 50g=2타래
　연한 새먼옐로(81) 40g, 파란 장미색(66)
　25g, 올리브그린(13) 15g, 주홍색(73)
　12g, 새먼핑크(79) 10g=각 1타래
바늘…대바늘 5호(3.5mm), 4호(3.0mm)
단추…지름 1.5cm(새먼핑크) 8개

게이지
사방 10cm 메리야스뜨기: 22코·32단
배색무늬 A: 22코·28단

완성 사이즈
가슴둘레 101cm, 기장 59.5cm, 화장 72.5cm

뜨는 방법
1 밑단 위치에서 별도의 사슬코 산을 주워 코를 만들고 실을 가로로 걸치는 방법으로 배색무늬 A를 뜹니다. 이어서 메리야스뜨기를 하면서 진동둘레와 바대 선의 코 줄이기는 2코 이상은 덮어씌우고, 1코는 가장자리 1코를 세워 뜹니다.
2 소매는 몸판과 같이 뜨기 시작하고 소매밑은 가장자리 1코 안쪽에서 돌려뜨기로 코를 늘려 뜹니다.
3 밑단과 소맷부리는 코를 만든 별도의 사슬을 풀어서 코를 줍고 1단에서 지정한 콧수로 맞추어 배색무늬 2코 고무뜨기를 뜬 뒤 마지막은 안쪽에서 덮어씌워 코막음합니다.
4 옆선, 래글런 선, 소매밑은 떠서 꿰매기, 겨드랑이 아래는 맞춤 표시끼리 메리야스 잇기로 연결합니다.
5 바대는 몸판과 소매에서 코를 줍고, 분산해 코를 줄여 배색무늬 B를 뜹니다.
6 덧단은 코를 주워 뜨고, 옷깃은 덧단과 바대에서 코를 주워 뜹니다.
7 오른쪽 덧단과 옷깃의 지정한 위치에 억지 단춧구멍을 만듭니다(96쪽 참고). 왼쪽 덧단에 단추를 답니다.

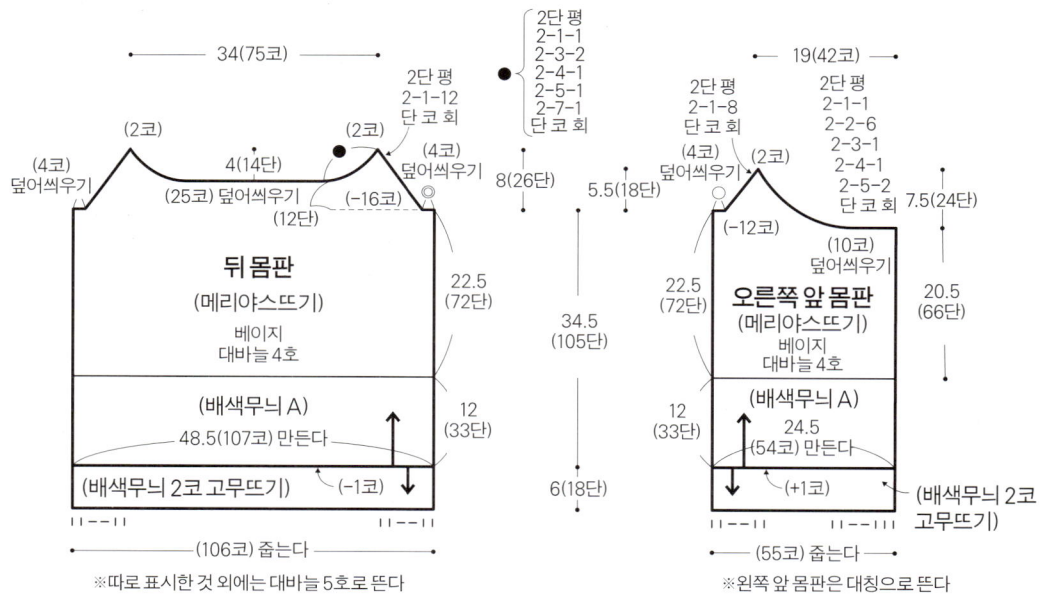

27(57코)
2단 평
2-1-12
2단 평
2-2-1
2-3-6
2단 평
2-4-1
2-6-2
2단 평
2-1-8
(2코)
(2코)
(4코)
덮어씌우기
(17코) 덮어씌우기
(4코)
덮어씌우기
8(26단)
(-16코)
(-12코)
(10단)
5.5(18단)
39(85코)
오른쪽 소매
(메리야스뜨기)
베이지
대바늘 4호
8단 평
8-1-10
6-1-2
7-1-1
6-1-1
8-1-1
단 코 회
27.5
(88단)
39.5
(121코)
(+15코)
(배색무늬 A)
25(55코)
만든다
12
(33단)
(-1코)
8(22단)
(배색무늬 2코 고무뜨기)
(54코) 줍는다
※왼쪽 소매는 대칭으로 뜬다

바대 (배색무늬 B) 대바늘 5호
(115코)
15(45단)
오른쪽 소매에서
(61코) 줍는다
뒤 몸판에서
(77코) 줍는다
분산해 코 줄이기
(-174코)
왼쪽 소매에서
(61코) 줍는다
(45코) 줍는다
(45코) 줍는다
※전부 (289코) 줍는다
※○·◎는 갖춤 표시끼리 맞대어 메리야스 잇기

배색무늬 B

분산해 코 줄이기
45
(-18코) 7코
6-1-18
(115코)
40
(-16코) 10코
8-1-6
7-1
8-1 5회
(149코)
12코
9-1-1
9-1
8-1
9-1-1
7회
(-16코)
(149코)
35
(-22코) 9코
8-1-2
7-1-20
(165코)
30
(-44코) 9코
4-1-43
6-1-1
(187코)
25
20
15
(-18코) 14코
12-1-17
13-1-1
(231코)
10
(-16코) 16코
14-1-7
15-1-9
(249코)
(-16코) 17코
16-1
15-1 8회
(265코)
5
줄이는 콧수
(-8코)
(281코)
33코 나머지 코
31-1-8 ※를 8회 반복
코 코 회
1
46 45 40 35 30 25 20 15 10 5 1
뜨기시작
코를 줄인
후의 전체 콧수
※ 31번째 코에 2코 모아뜨기
와 를 번갈아 반복
□ = | 겉뜨기

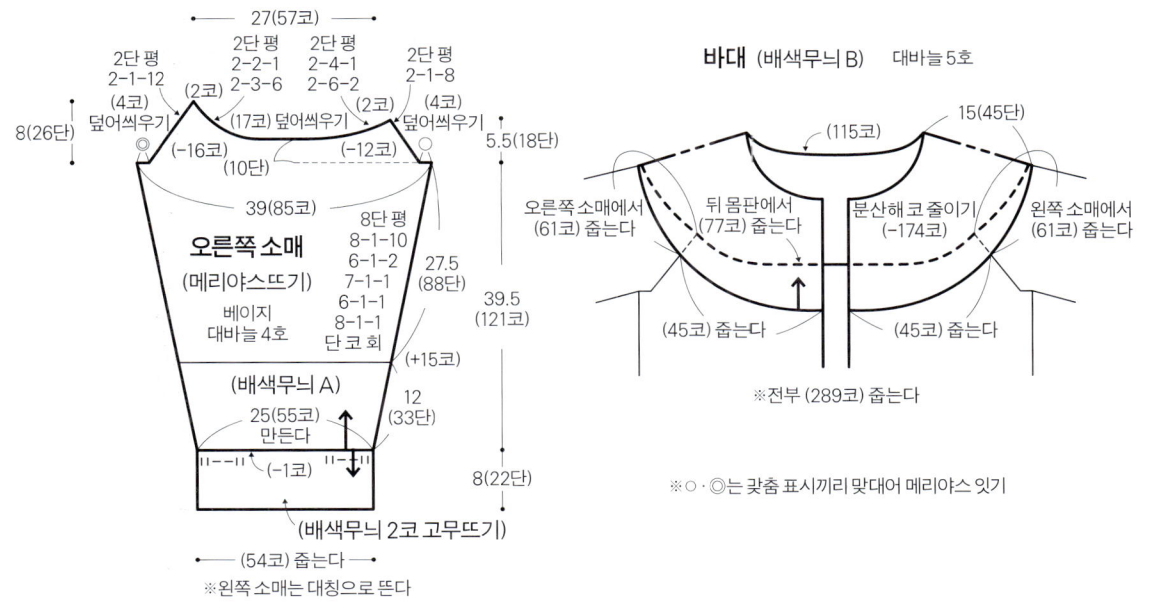

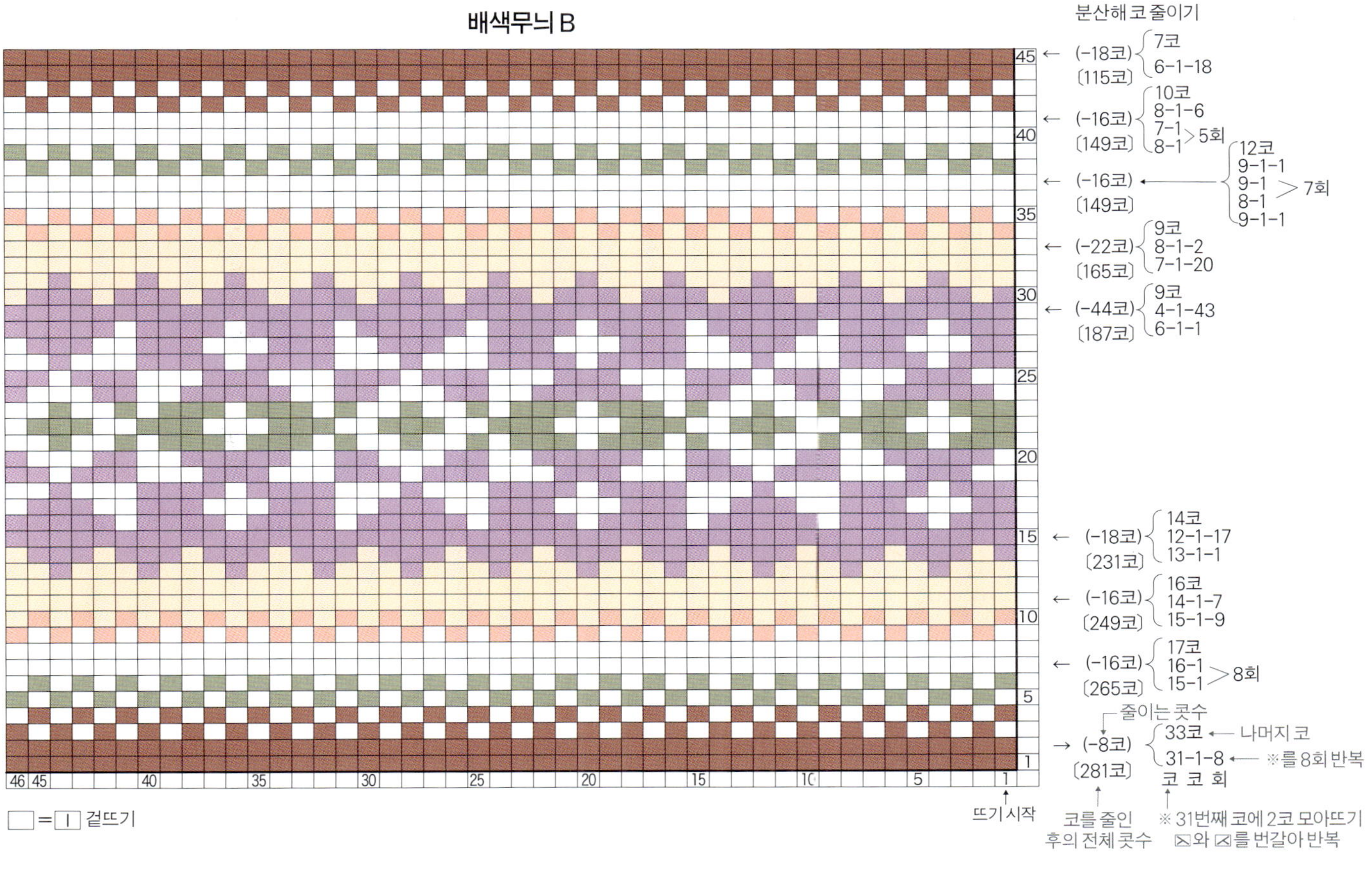

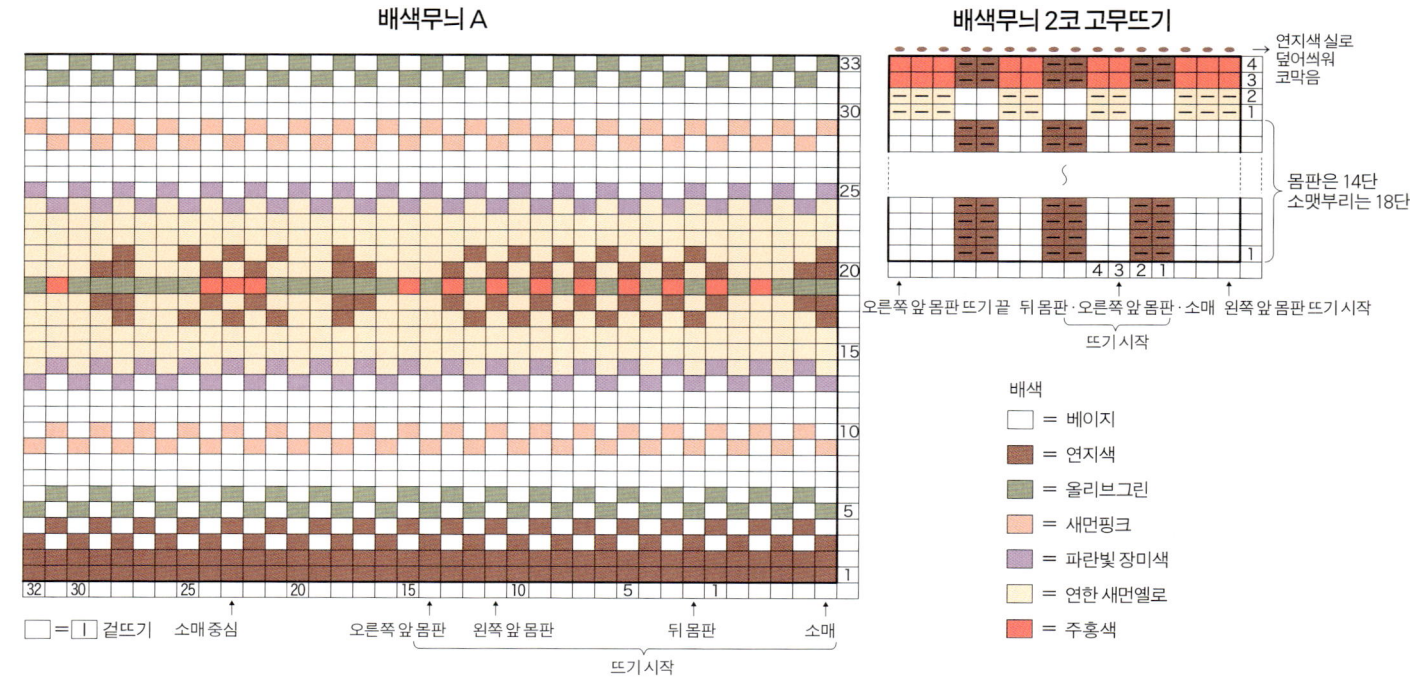
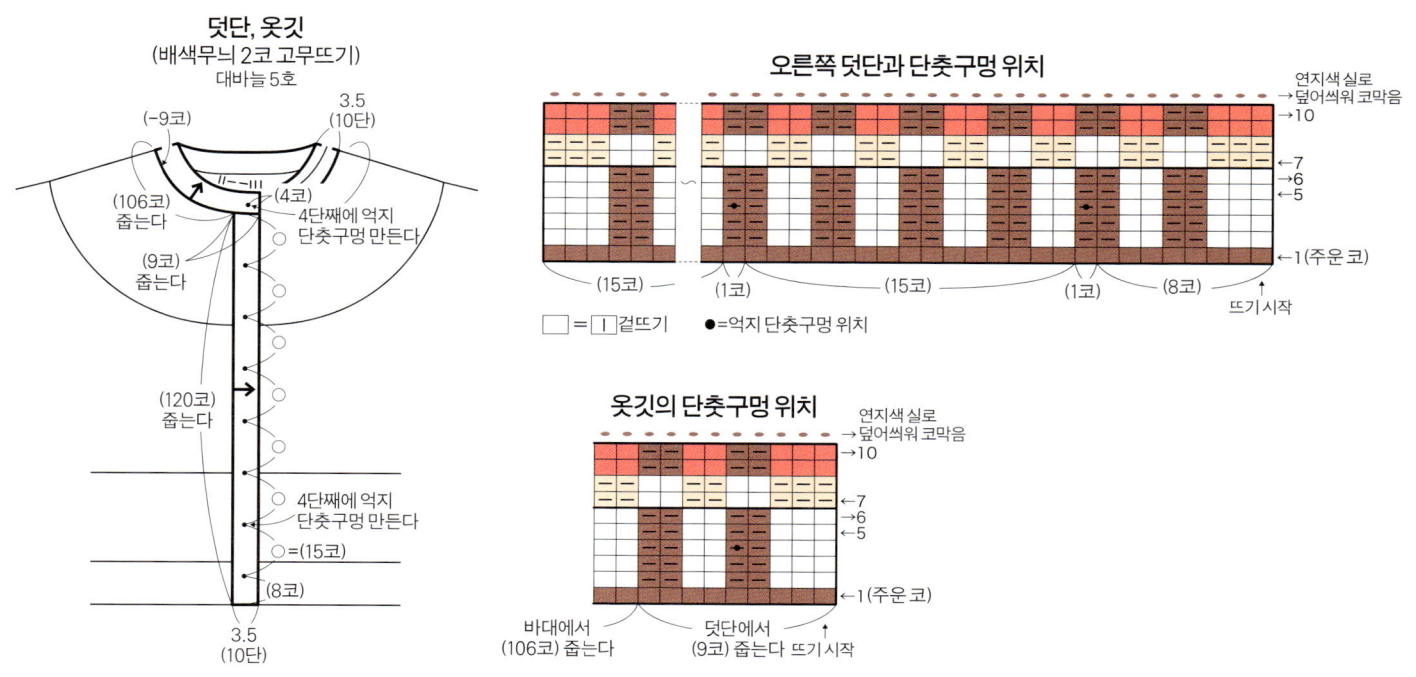

M / Gloves page 35 배색무늬 장갑

재료와 도구
실…리치모어 캐멀 트위드
    베이지(1) 20g=1타래
리치모어 퍼센트
    연지색(63) 12g, 파란빛 장미색(66) 10g, 올리브그린(13)·연한 새먼옐로(81) 각 5g, 주홍색(73)·새먼핑크(79) 각 소량=각 1타래
바늘…대바늘 5호(3.5mm), 4호(3.0mm)

게이지
사방 10cm 배색무늬: 22코·28단

완성 사이즈
손바닥 둘레 20cm, 길이 33cm

뜨는 방법
1. 손목 위치에서 별도의 사슬코 산을 주워 코를 만들고 실을 가로로 걸치는 방법으로 배색무늬 A·B를 넣어 원형으로 뜹니다. 엄지 위치는 별실을 떠 넣습니다(41쪽 참고).
2. 검지는 ▲에서 1코를 만들어 원형으로 뜨고 마지막 단에 실을 꿰어 조입니다. 중지와 약지는 ▲에서 1코를 만들고 △에서 코를 주워 지정한 콧수대로 뜹니다. 소지는 △에서 11코를 주워 뜹니다. 엄지는 41쪽을 참고해 뜹니다.
3. 손목의 배색무늬 2코 고무뜨기는 코를 만든 별도의 사슬을 풀어서 코를 줍고 원형으로 뜹니다. 마지막은 안쪽을 보고 덮어씌워 코막음합니다.
4. 왼손은 대칭으로 뜹니다.

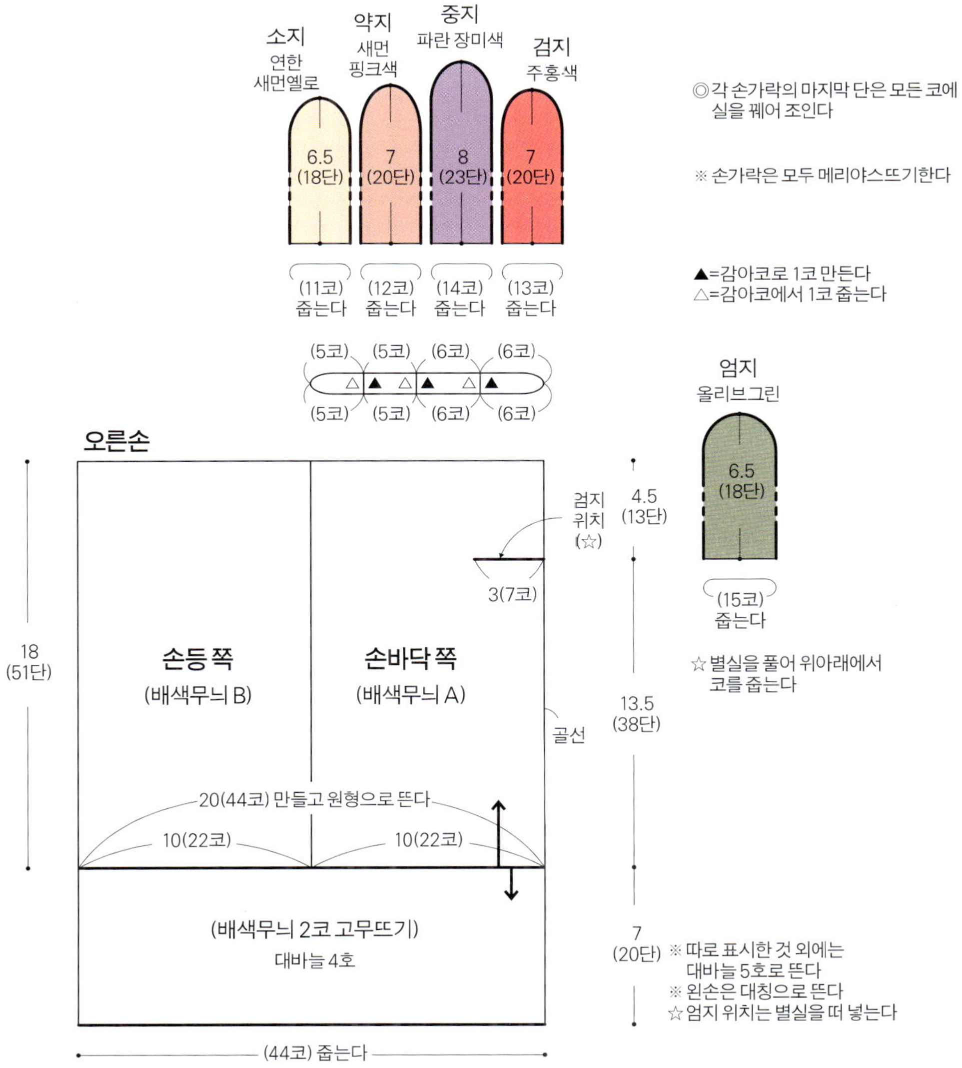

◎각 손가락의 마지막 단은 모든 코에 실을 꿰어 조인다

※손가락은 모두 메리야스뜨기한다

▲=감아코로 1코 만든다
△=감아코에서 1코 줍는다

소지 연한 새먼옐로: 6.5 (18단), (11코) 줍는다, (5코), △
약지 새먼핑크색: 7 (20단), (12코) 줍는다, (5코), ▲
중지 파란 장미색: 8 (23단), (14코) 줍는다, (6코), △
검지 주홍색: 7 (20단), (13코) 줍는다, (6코), ▲
(5코)(5코)(6코)(6코)

엄지 올리브그린: 6.5 (18단), (15코) 줍는다

☆별실을 풀어 위아래에서 코를 줍는다

오른손
- 손등 쪽 (배색무늬 B)
- 손바닥 쪽 (배색무늬 A)
- 골선
- 검지 위치 (☆) 3(7코)
- 4.5 (13단)
- 13.5 (38단)
- 18 (51단)
- 20(44코) 만들고 원형으로 뜬다
- 10(22코) 10(22코)
- (배색무늬 2코 고무뜨기) 대바늘 4호
- 7 (20단)
- (44코) 줍는다

※따로 표시한 것 외에는 대바늘 5호로 뜬다
※왼손은 대칭으로 뜬다
☆엄지 위치는 별실을 떠 넣는다

배색무늬

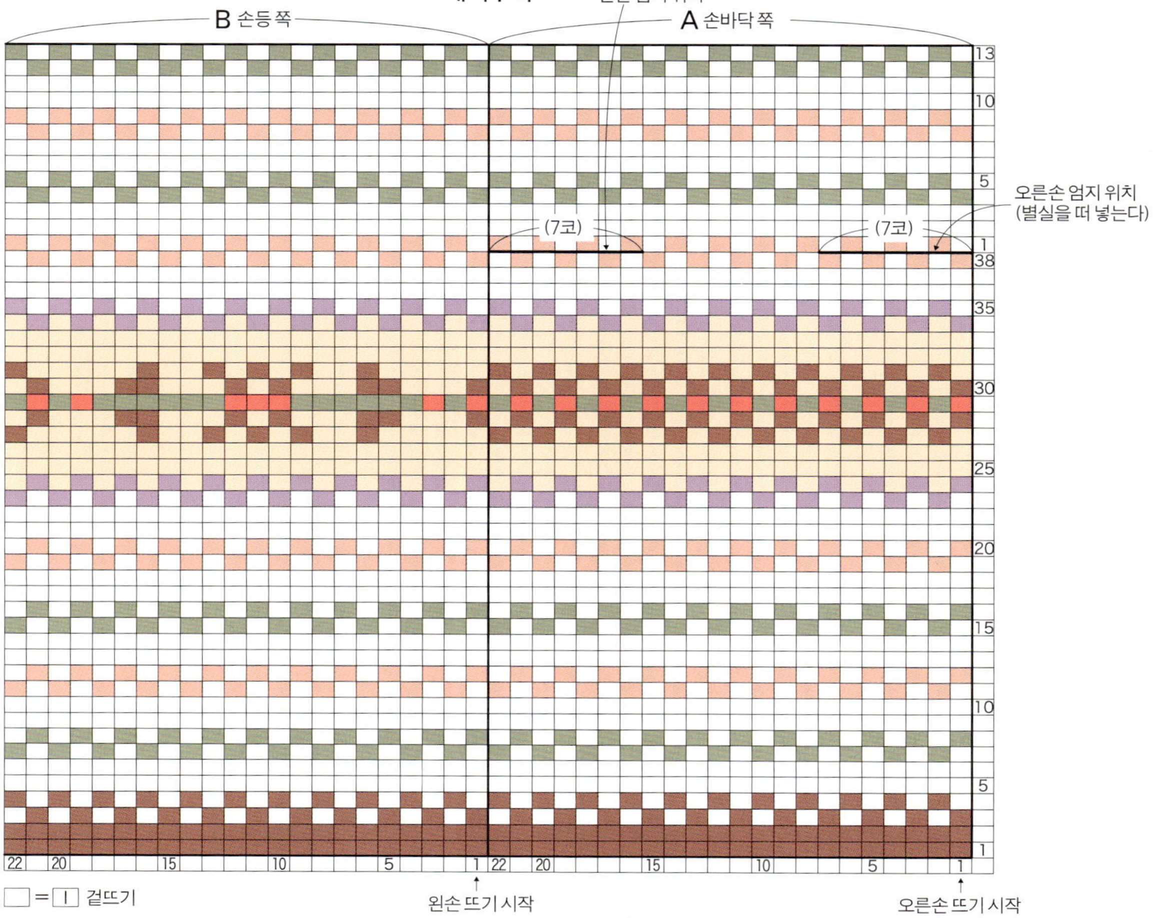

B 손등 쪽 / 왼손 엄지 위치 / A 손바닥 쪽 / 오른손 엄지 위치 (별실을 떠 넣는다)

(7코) / (7코)

↑ 왼손 뜨기 시작 ↑ 오른손 뜨기 시작

□ = I 겉뜨기

배색무늬 2코 고무뜨기

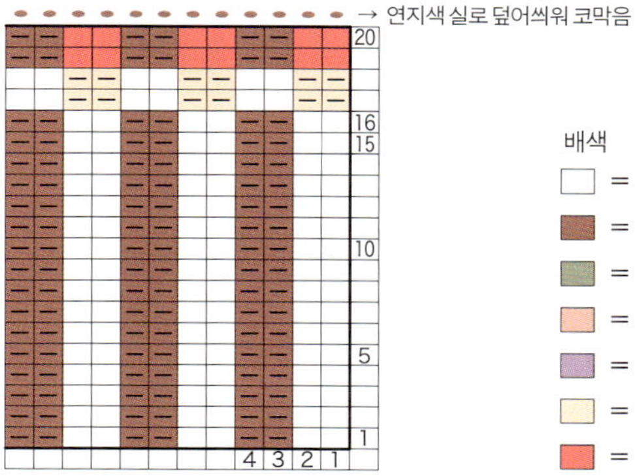

→ 연지색 실로 덮어씌워 코막음

□ = I 겉뜨기

배색
- □ = 베이지
- ■ = 연지색
- ■ = 올리브그린
- ■ = 새먼핑크
- ■ = 파란 장미색
- ■ = 연한 새먼옐로
- ■ = 주홍색

M / High socks page 34 배색무늬 하이삭스

재료와 도구
실…리치모어 캐멀 트위드
  베이지(1) 35g=2타래
리치모어 퍼센트
  올리브그린(13) 26g, 새먼핑크(79) 25g, 주홍색(73) 11g, 연지색(63) 8g, 연한 새먼옐로(81) 7g, 파란 장미색(66) 소량=각 1타래
바늘…대바늘 5호(3.5mm), 4호(3.0mm)

게이지
사방 10cm 메리야스뜨기: 22코·30단
배색무늬: 22코·28단

완성 사이즈
도안 참고

뜨는 방법
1 입구 위치에서 별도의 사슬코 산을 주워 코를 만들고 실을 가로로 걸치는 방법으로 배색무늬 A·B를 원형으로 뜹니다.
2 발꿈치는 뜨기가 끝나는 쪽의 28코를 쉬게 하고 40쪽을 참고해 지정한 색으로 뜹니다. 발등 쪽의 쉼코를 더해 바닥과 발등을 원형으로 메리야스뜨기합니다.
3 발끝은 지정한 위치에서 코를 줄여 뜹니다. 실 끝을 약 30cm 남겨 돗바늘에 꿰고 발등 쪽과 바닥 쪽 코를 맞대어 메리야스 잇기로 연결합니다.
4 입구의 배색무늬 2코 고무뜨기는 코를 만든 별도의 사슬을 풀어서 코를 줍고 원형으로 뜹니다. 마지막은 안쪽을 보고 덮어씌워 코막음합니다.
5 왼발은 대칭으로 뜹니다.

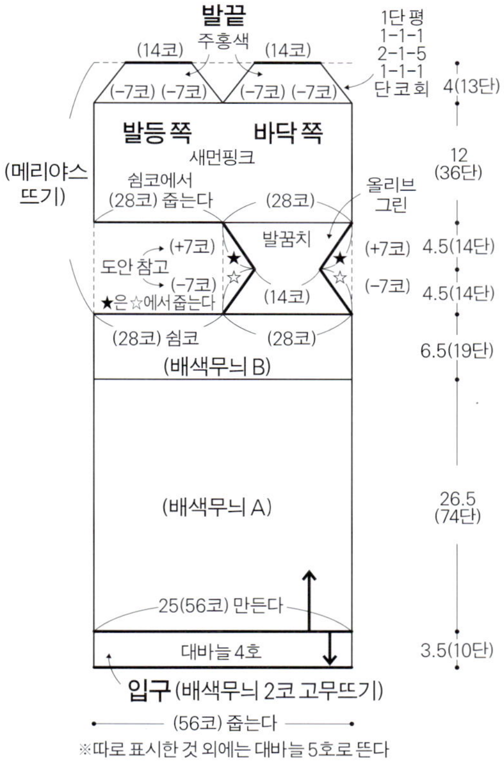

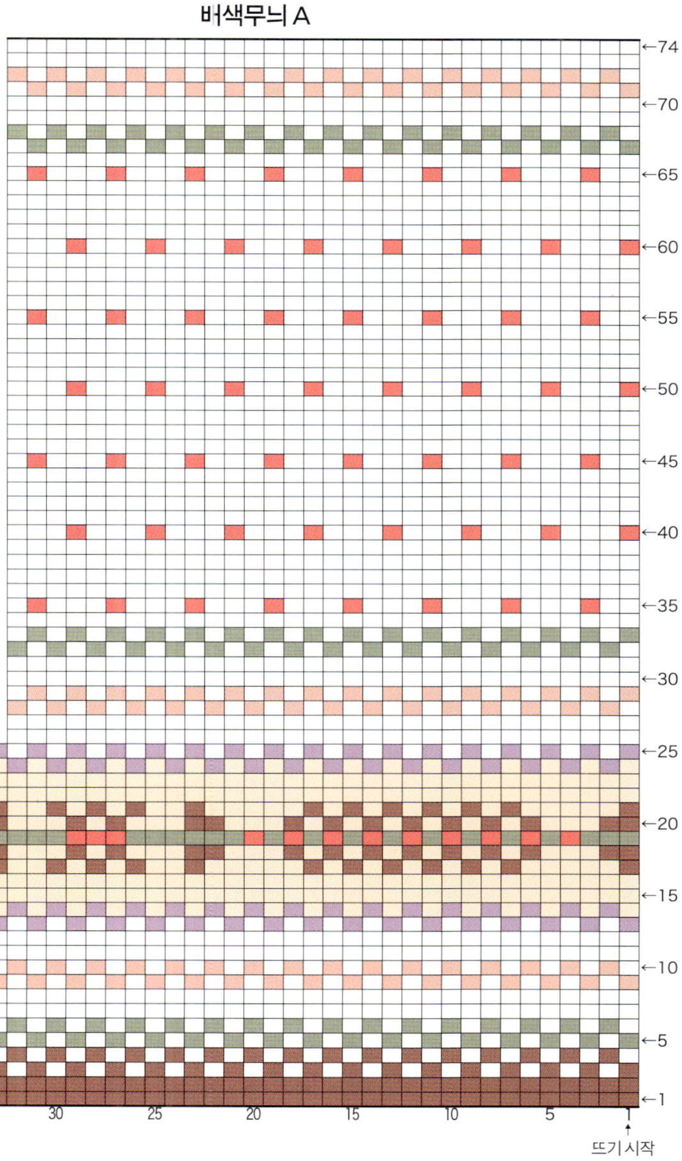

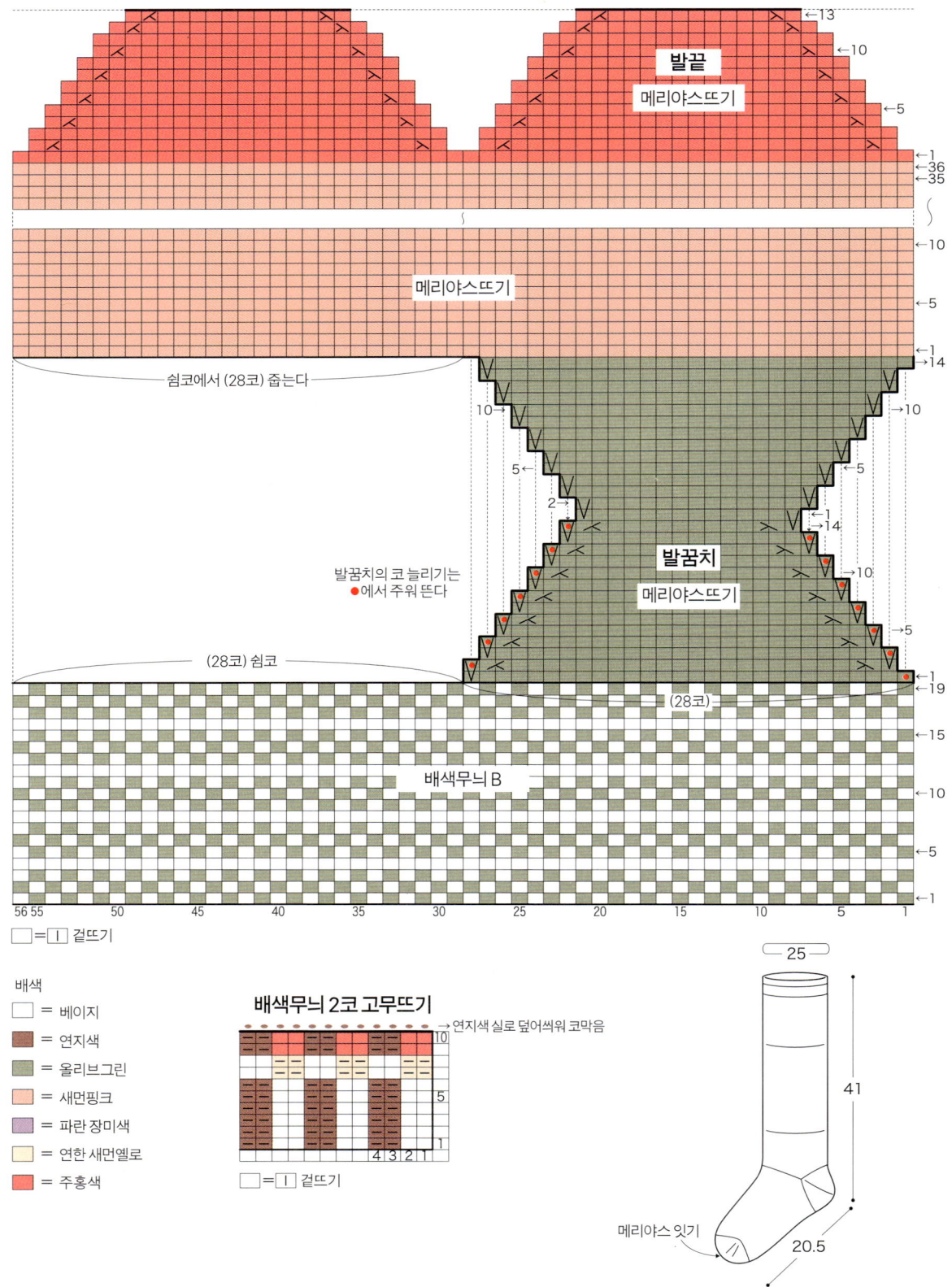

J / Cardigan page 24 로피 카디건

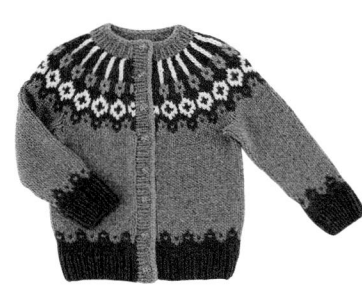

재료와 도구

실…리치모어 소프트래드
회색(2) 380g=8타래
차콜그레이(3) 200g=4타래
오프화이트(29) 40g, 모카브라운(6) 30g=각 1타래

바늘…대바늘 8㎜·13호(6.0㎜), 코바늘 8/0호

단추…지름 2.3㎝(메탈릭실버) 8개, 지름 1.1㎝(밑단추) 8개

게이지

사방 10㎝ 배색무늬·메리야스뜨기: 10코·13단

완성 사이즈

가슴둘레 100㎝, 기장 64.5㎝, 화장 75㎝

뜨는 방법

1 몸판은 밑단에서 손가락에 실을 걸어 코를 만들고 앞뒤 몸판을 이어서 뜹니다. 배색무늬는 실을 가로로 걸치는 방법으로 뜹니다. 마지막 코는 쉬게 합니다.
2 소매는 원형으로 뜨기 시작합니다. 소매밑의 코 늘리기는 도안을 참고해 뜹니다.
3 바대는 몸판과 소매에서 코를 줍고, 분산해 코를 줄여 뜹니다. 이어서 옷깃을 1코 고무뜨기하는데, 1단에서 균등하게 코를 줄입니다. 마지막은 안쪽에서 덮어씌워 코막음합니다.
4 겨드랑이 아래는 맞춤 표시끼리 코와 단 잇기, 메리야스 잇기로 연결합니다.
5 덧단은 도안을 따라 1코 고무뜨기하고 마지막은 안쪽에서 덮어씌워 코막음합니다.
6 덧단, 옷깃에서 코를 주워 테두리뜨기를 1단 뜹니다.
7 지정한 위치에 억지 단춧구멍을 만듭니다(96쪽 참고). 단추와 밑단추를 답니다.

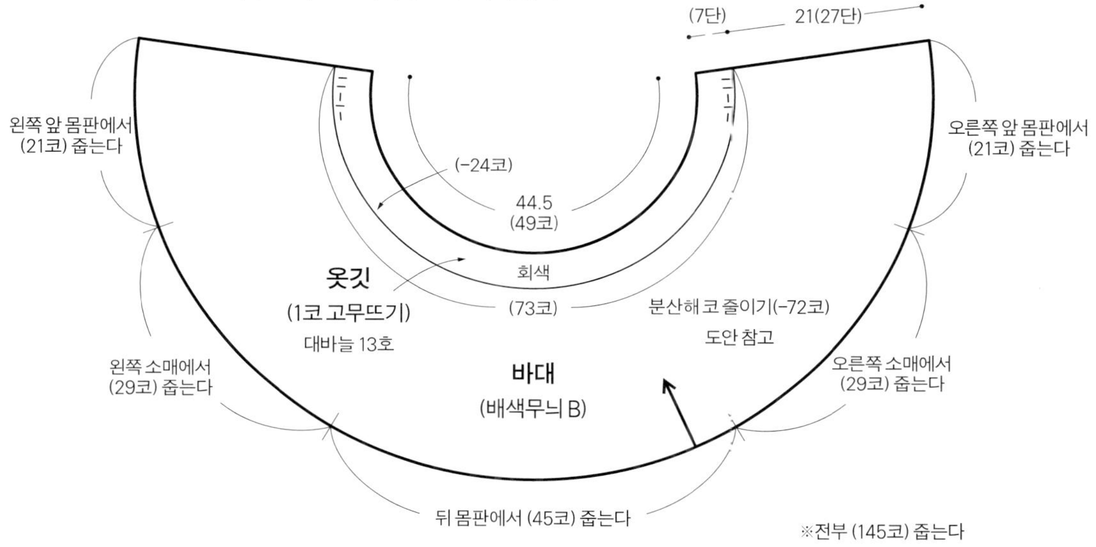

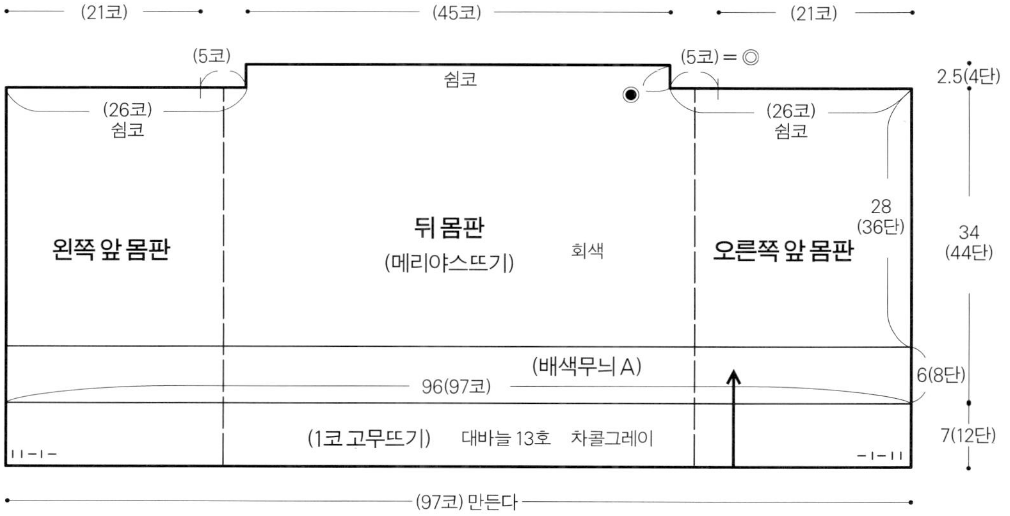

※따로 표시한 것 외에는 모두 8㎜ 대바늘로 뜬다
※맞춤 표시 ◎는 메리야스 잇기, ⊙는 코와 단 잇기

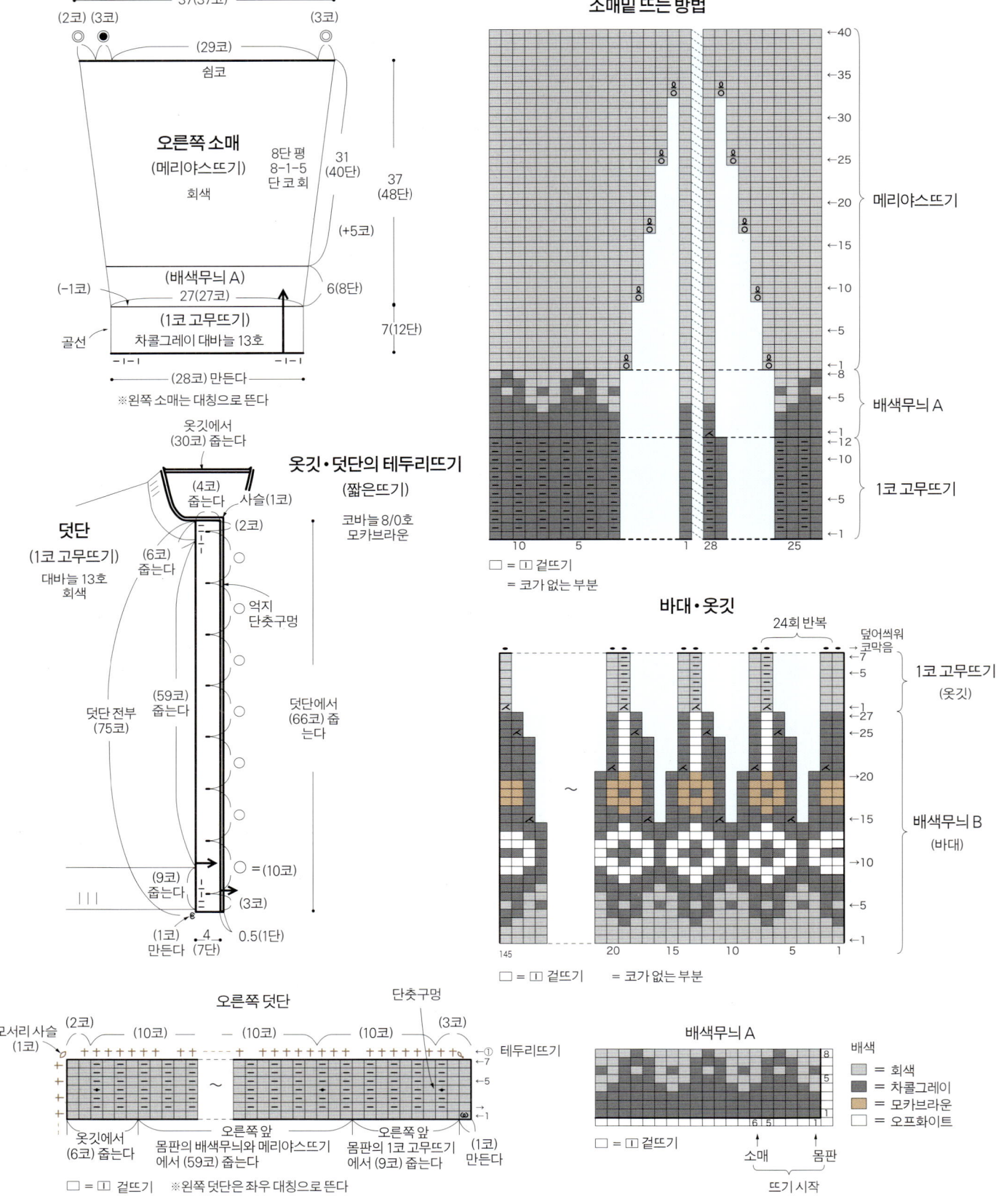

J / Cap page 24 로피 모자

재료와 도구
실…리치모어 소프트래드
　　차콜그레이(3) 30g, 회색(2) 26g, 모카브라운
　　(6) 24g, 오프화이트(29) 12g=각 1타래
바늘…대바늘 8mm, 코바늘 8/0호

게이지
사방 10cm 배색무늬: 10코·13단

완성 사이즈
머리둘레 58cm, 깊이 20.5cm, 귀마개 길이 10.5cm

뜨는 방법
1 귀마개에서 손가락에 실을 걸어서 코를 만들어 뜨기 시작합니다. 도안을 따라 양 끝에서 감아코로 코를 늘리며(96쪽 참고) 13단 뜹니다. 똑같은 모양을 2장 뜨고 마지막 코는 쉬게 합니다.
2 본체는 손가락에 실을 걸어 9코를 만들고 이어서 귀마개에서 코를 주워 뜹니다. 감아코로 코를 늘려 19코를 만든 뒤, 반대쪽 귀마개에서 코를 주워 뜨고 이어서 감아코로 코를 늘려 10코를 만들어 원형으로 뜹니다. 배색무늬는 실을 가로로 걸치는 방법으로 분산해 코를 줄여 뜹니다. 마지막 단의 코는 실을 꿰어 조입니다.
3 입구에 테두리뜨기를 1단 뜹니다.
4 방울을 만들고 꼭대기에 꿰매어 답니다.

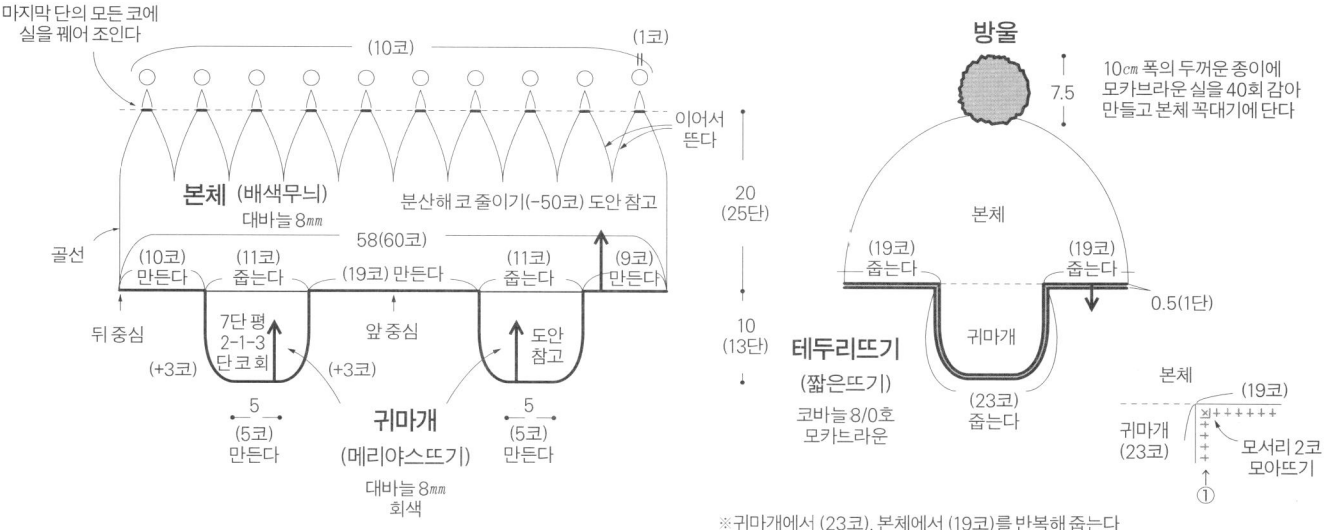

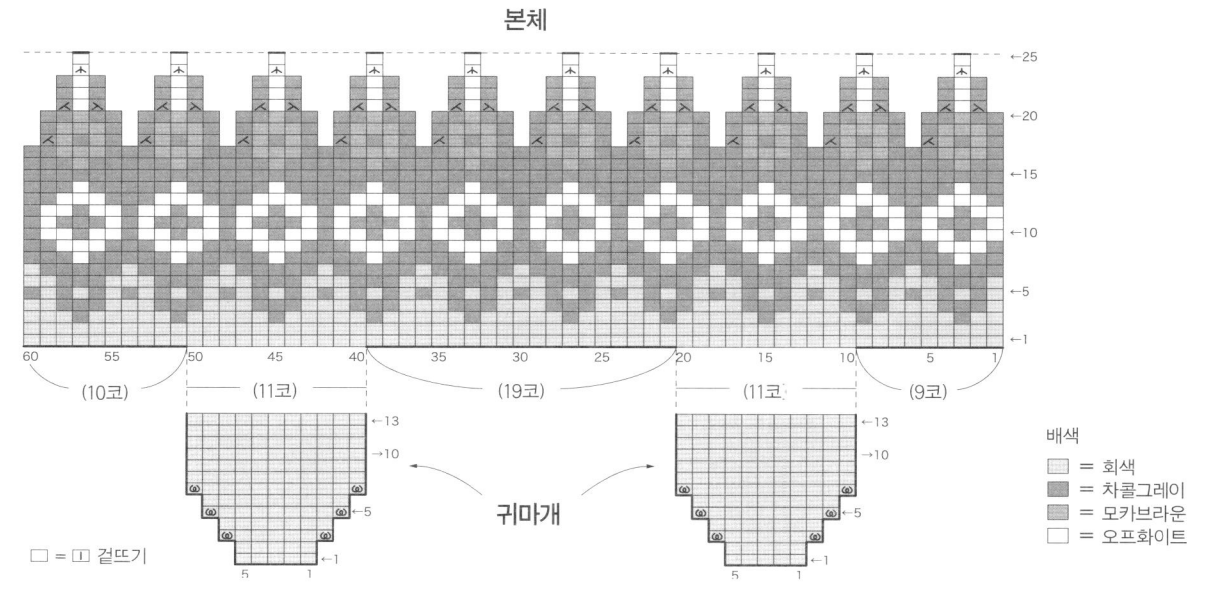

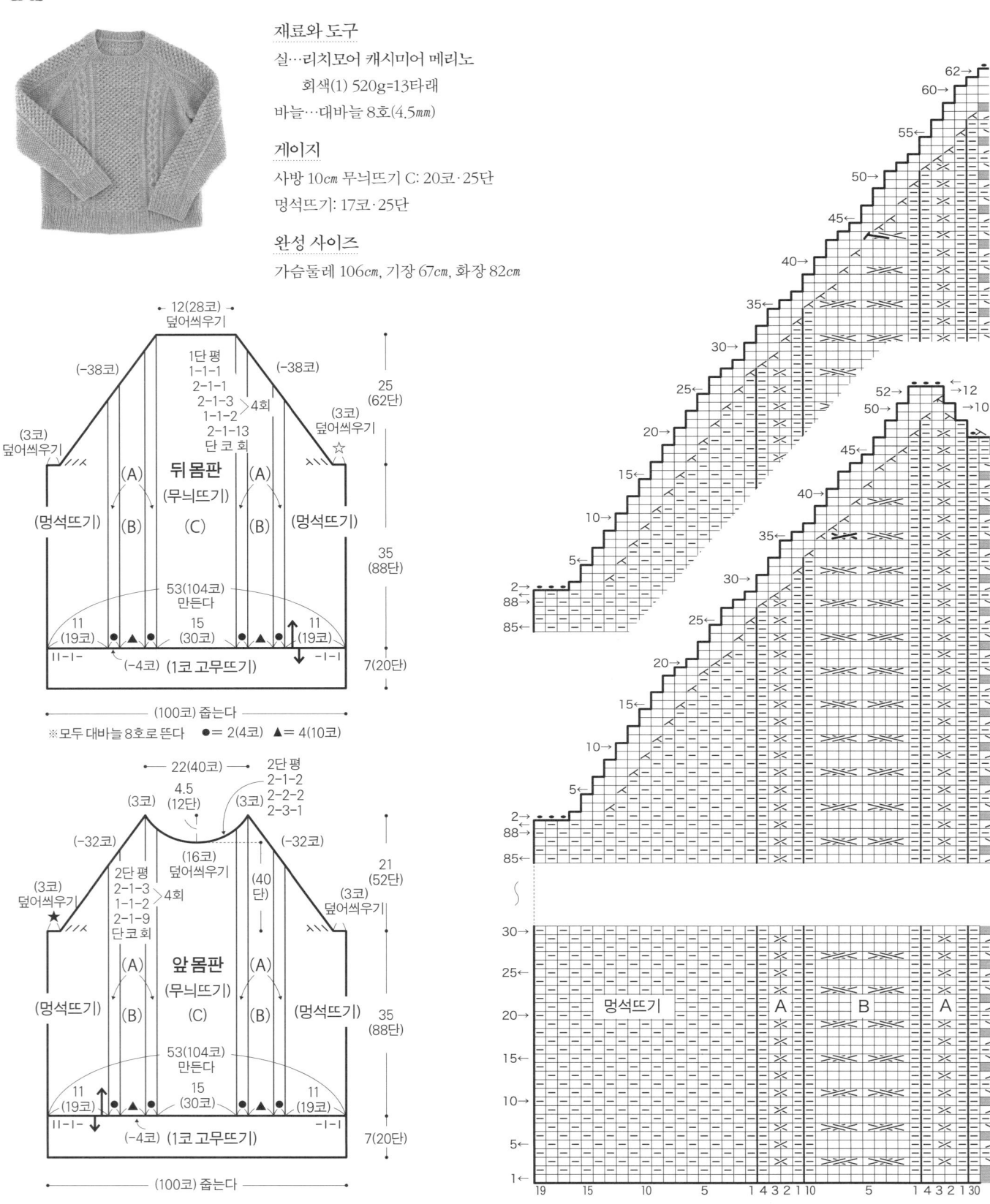

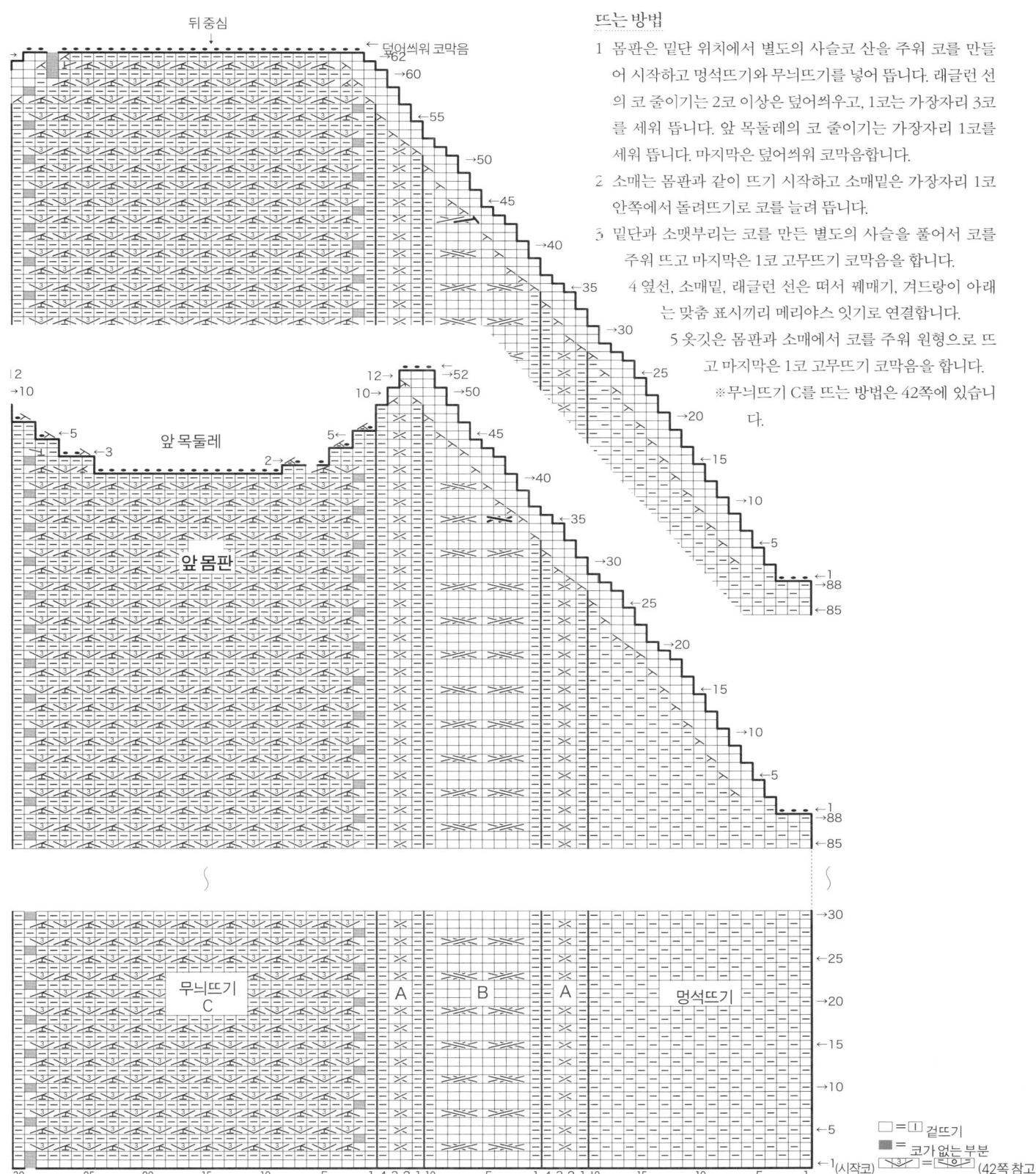

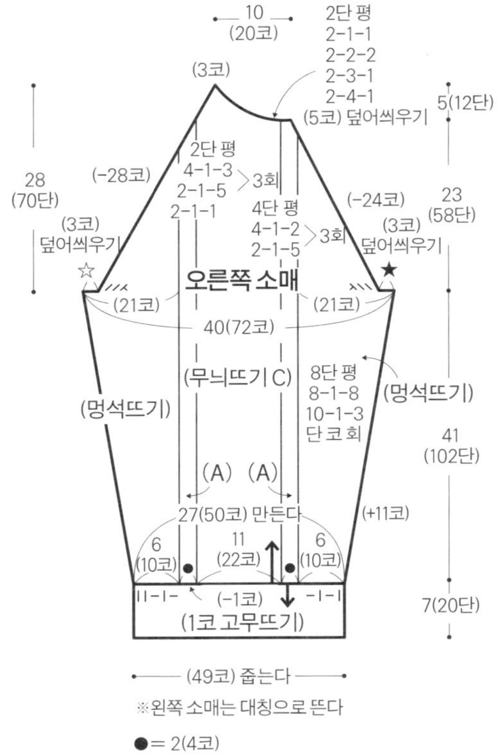
10
(20코)
2단 평
2-1-1
2-2-2
2-3-1
2-4-1
(5코) 덮어씌우기
(3코)
5(12단)
28
(70단)
(-28코)
2단 평
4-1-3
2-1-5
2-1-1
3회
4단 평
4-1-2
2-1-5
3회
(-24코)
23
(58단)
(3코)
덮어씌우기
(3코)
덮어씌우기
오른쪽 소매
(21코)
(21코)
40(72코)
(무늬뜨기 C)
8단 평
8-1-8
10-1-3
단 코 회
(멍석뜨기)
(멍석뜨기)
41
(102단)
(A)
(A)
27(50코) 만든다
(+11코)
6
(10코)
11
(22코)
6
(10코)
(-1코)
(1코 고무뜨기)
7(20단)
(49코) 줍는다
※왼쪽 소매는 대칭으로 뜬다
●= 2(4코)

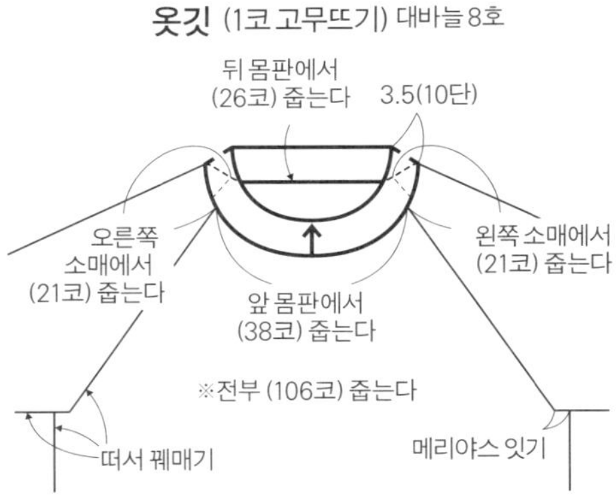
옷깃 (1코 고무뜨기) 대바늘 8호
뒤 몸판에서
(26코) 줍는다
3.5(10단)
오른쪽
소매에서
(21코) 줍는다
왼쪽 소매에서
(21코) 줍는다
앞 몸판에서
(38코) 줍는다
※전부 (106코) 줍는다
떠서 꿰매기
메리야스 잇기

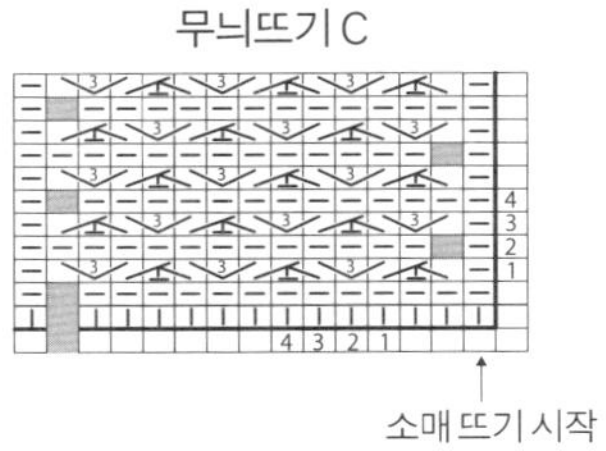
무늬뜨기 C
4
3
2
1
4 3 2 1
소매 뜨기 시작

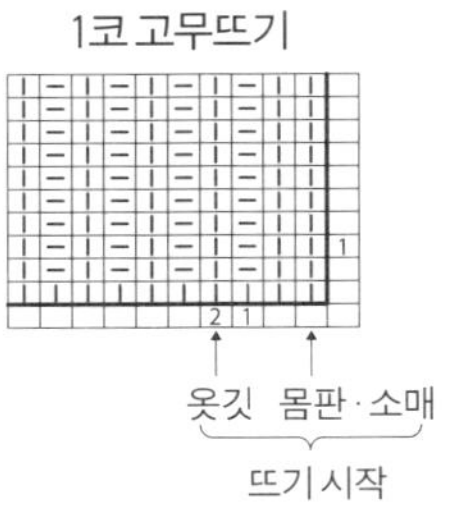
1코 고무뜨기
1
2 1
옷깃 몸판·소매
뜨기 시작

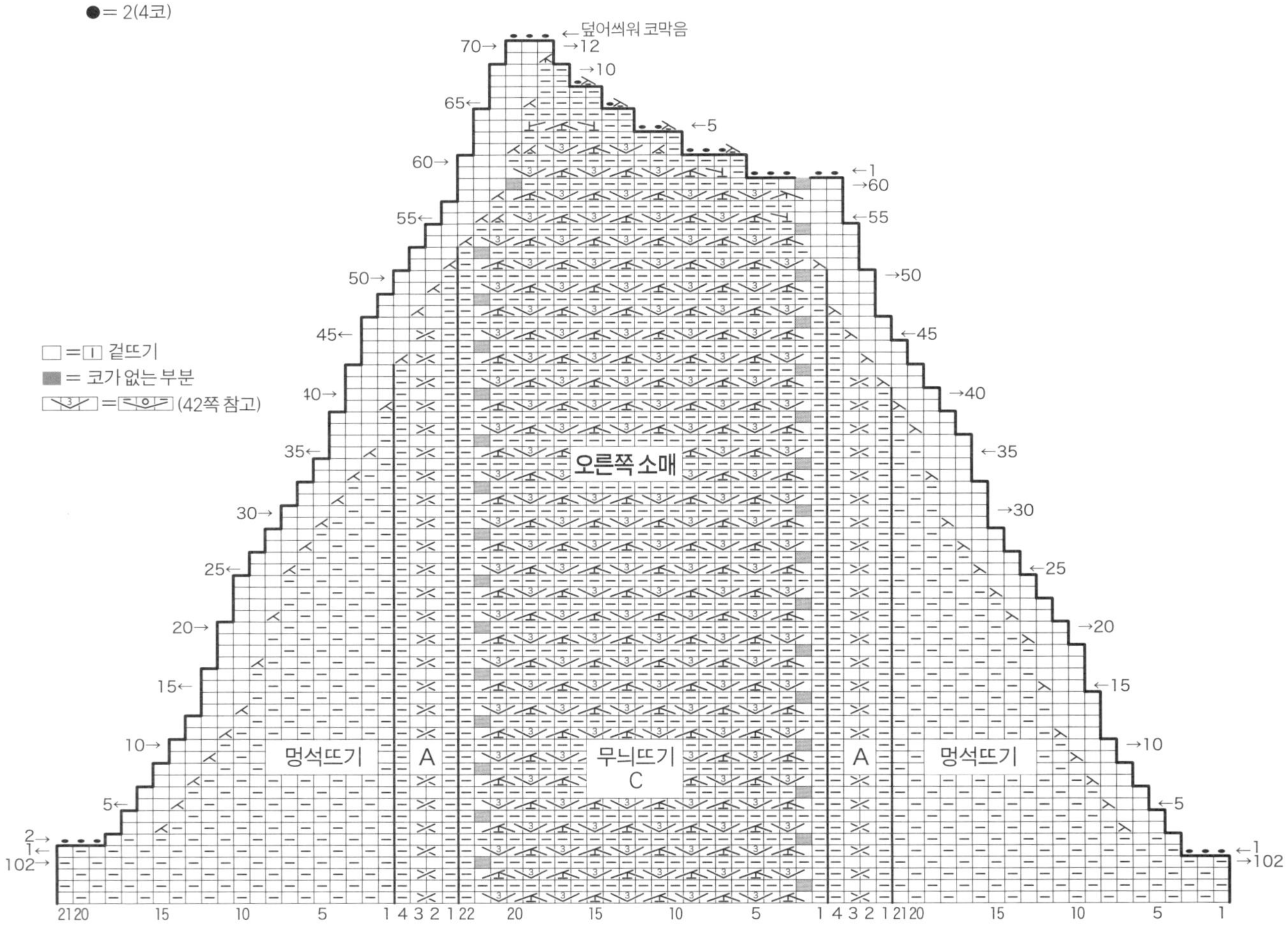
덮어씌워 코막음
70
12
10
65
5
60
1
60
55
55
50
50
45
45
40
40
35
35
30
30
25
25
20
20
15
15
10
10
5
5
2
1
102
1
102
□ = ▯ 겉뜨기
▒ = 코가 없는 부분
(42쪽 참고)
오른쪽 소매
멍석뜨기
A
무늬뜨기
C
A
멍석뜨기
21 20 15 10 5 1 4 3 2 1 22 20 15 10 5 1 4 3 2 1 21 20 15 10 5 1

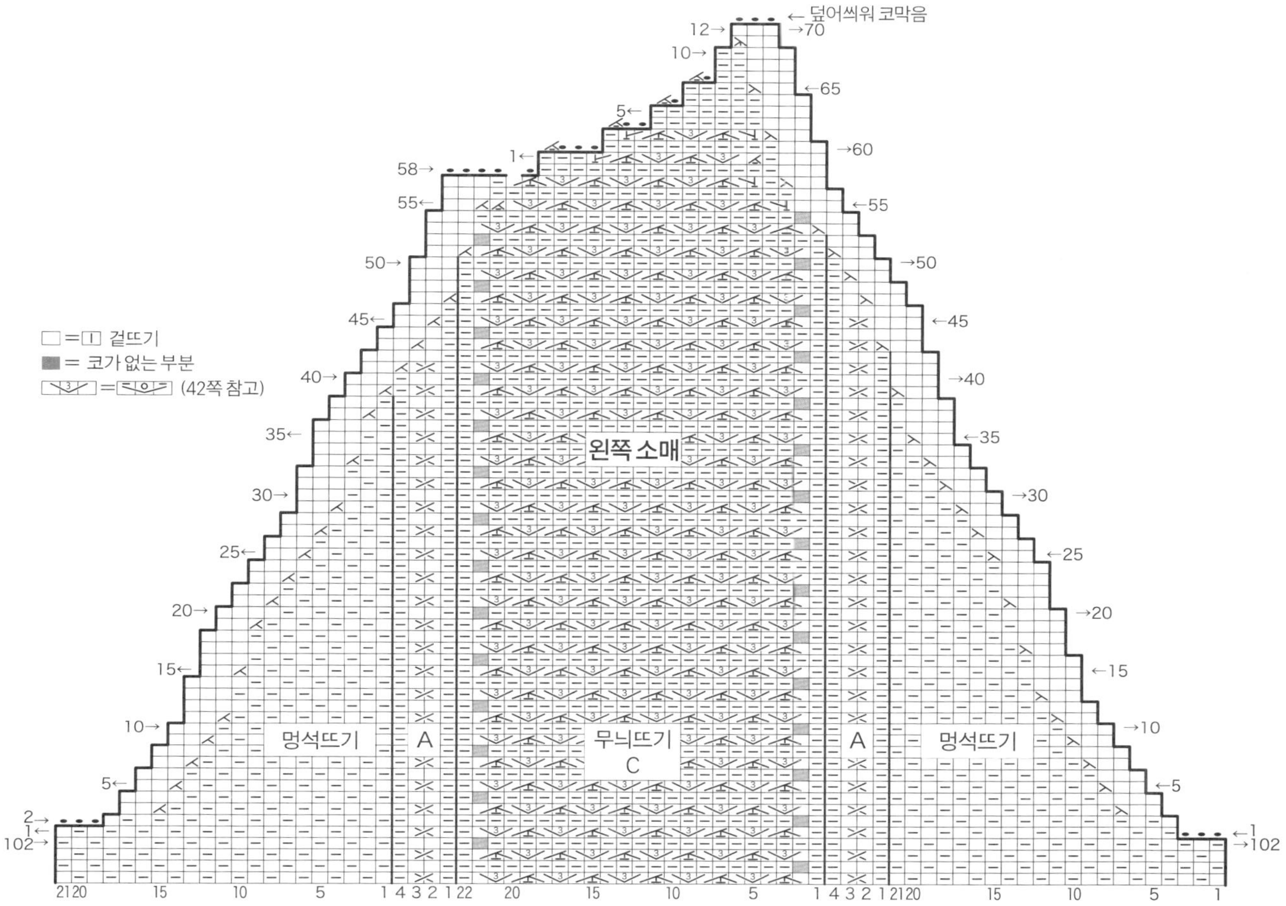

왼쪽 소매

멍석뜨기 A 무늬뜨기 C A 멍석뜨기

| □ = 겉뜨기
| ■ = 코가 없는 부분
| ⋎⋏ = 늘임코 (42쪽 참고)

⋇ 왼코 교차뜨기

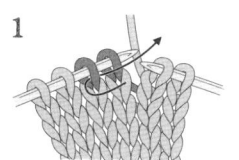 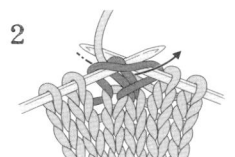 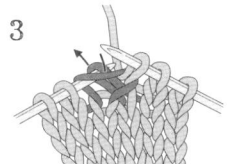 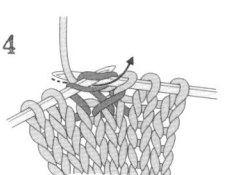 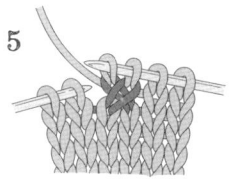

1 왼쪽 코에 화살표와 같이 앞쪽에서 오른쪽 대바늘을 넣습니다.

2 실을 걸고 화살표와 같이 빼내 겉뜨기합니다.

3 뜬 코는 그대로 두고 오른쪽 코에 화살표와 같이 오른쪽 대바늘을 넣습니다.

4 실을 걸어 겉뜨기합니다.

5 왼쪽 대바늘의 2코를 빼면 왼코 교차뜨기가 완성됩니다.

⋋ 오른코 겹쳐 2코 모아뜨기

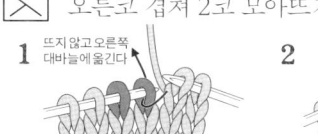 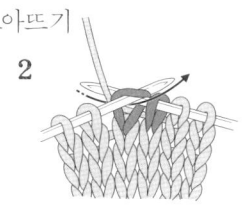 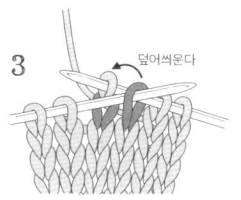 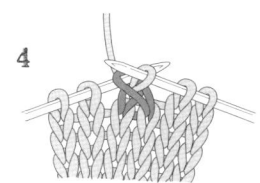 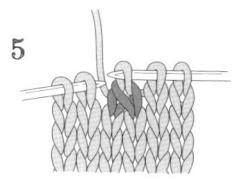

1 앞쪽에서 오른쪽 코에 오른쪽 대바늘을 넣고, 뜨지 않은 채로 코를 오른쪽 대바늘에 옮깁니다.

2 왼쪽 코에 오른쪽 대바늘을 넣고 실을 걸어 겉뜨기합니다.

3 오른쪽 대바늘에 옮긴 코에 왼쪽 대바늘을 넣고 2에서 뜬 코에 덮어씌웁니다.

4 덮어씌운 뒤 왼쪽 대바늘을 당겨 코에서 뺍니다.

5 오른코 겹쳐 2코 모아뜨기를 완성했습니다.

B / Beret page 9 꽈배기 무늬 베레모

재료와 도구
실…리치모어 알파카 '파인'
캐멀(2) 62g=3타래
바늘…대바늘 8호(4.5mm)

게이지
사방 10cm 무늬뜨기: 15.5코·27단

완성 사이즈
머리둘레 52cm, 깊이 21.5cm

뜨는 방법
실은 모두 2가닥으로 뜹니다.

1. 입구 위치에서 별도의 사슬코 산을 주워 코를 만들고 원형으로 무늬뜨기를 합니다. 그림과 같이 분산해 코 늘리기와 코 줄이기로 뜨고 마지막 단의 코는 실을 2번 꿰어 조입니다.
2. 입구의 가터뜨기는 코를 만든 별도의 사슬을 풀어서 코를 줍고 원형으로 뜹니다. 마지막은 안뜨기하면서 조금 느슨하게 덮어씌워 코막음합니다.

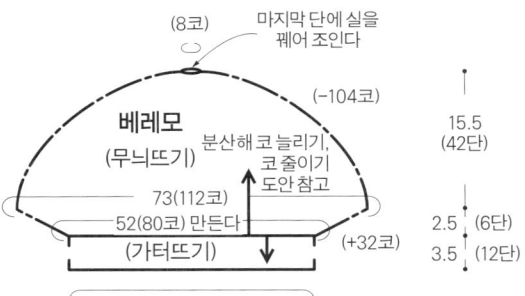

※ 모두 대바늘 8호로 뜬다
※ 가터뜨기 마지막 단의 덮어씌워 코막음은 너무 팽팽하지 않게 주의한다

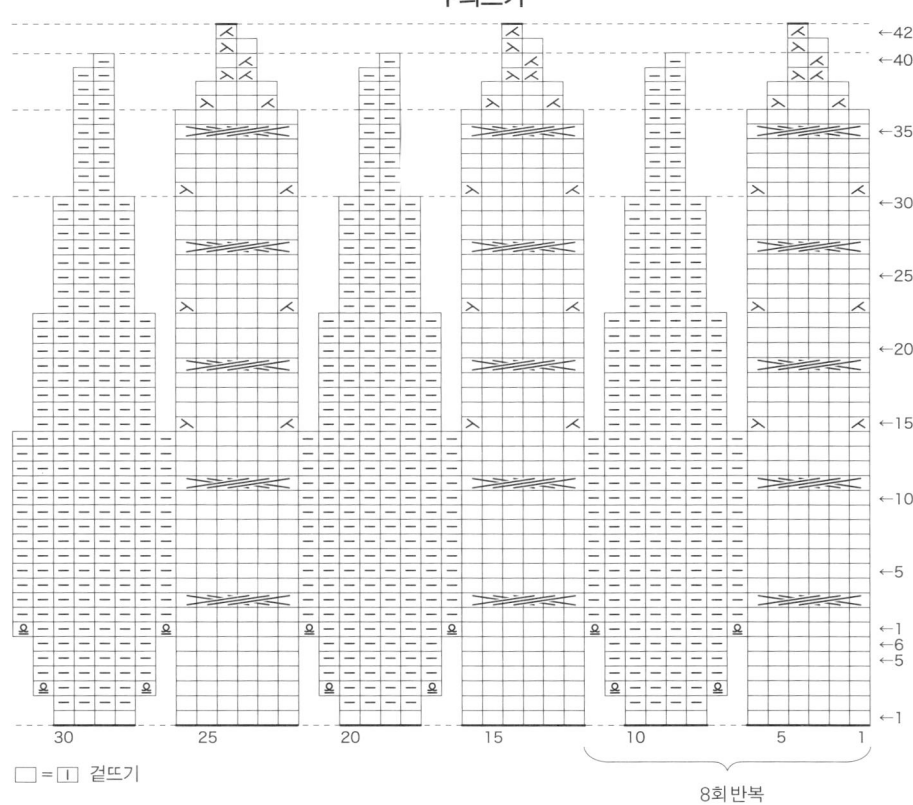

B / Cardigan page 9 꽈배기 무늬 카디건

재료와 도구
실…리치모어 알파카 '파인'
캐멜(2) 735g=30타래
바늘…대바늘 8호(4.5mm)
단추…대: 지름 2cm(캐멜) 7개, 소: 지름 1.8cm(캐멜) 2개

게이지
사방 10cm 무늬뜨기: 22.5코·24단
메리야스뜨기: 16코·22단

완성 사이즈
가슴둘레 96cm, 기장 61.5cm, 화장 75cm

뜨는 방법
실은 2가락으로 뜹니다.

1. 뒤 몸판은 밑단에서 1코 고무뜨기 코 만들기로 시작합니다. 래글런 선의 코 줄이기는 2코 이상은 덮어씌우고, 1코는 가장자리 3코를 세워 뜹니다.
2. 앞 몸판은 뒤 몸판과 마찬가지로 뜨기 시작해 주머니 입구는 코를 쉬기 하면서 뜨고 오른쪽 덧단에는 단춧구멍을 만들며 뜹니다. 앞 목둘레의 코 줄이기는 가장자리 1코를 세워 뜹니다.
3. 소매는 몸판과 마찬가지로 뜨기 시작하고 소매밑은 가장자리 1코 안쪽에서 돌려뜨기로 코를 늘려 뜹니다.
4. 옆선, 래글런 선, 소매밑을 떠서 꿰매기로 연결하는데, 래글런 선은 단수를 조정합니다. 겨드랑이 아래는 맞춤 표시끼리 메리야스 잇기로 연결합니다.

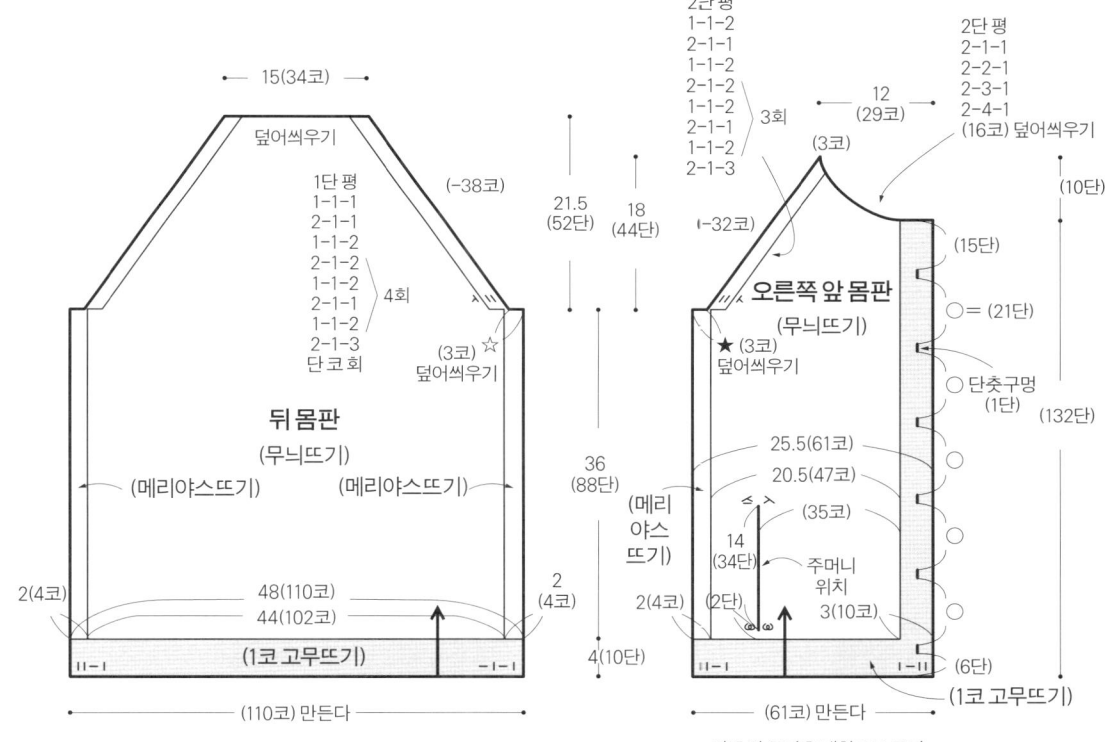

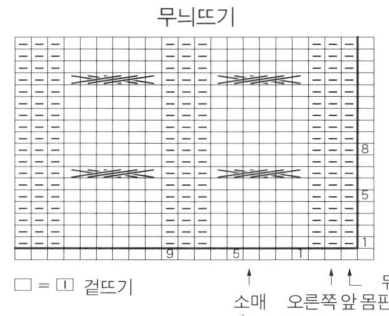

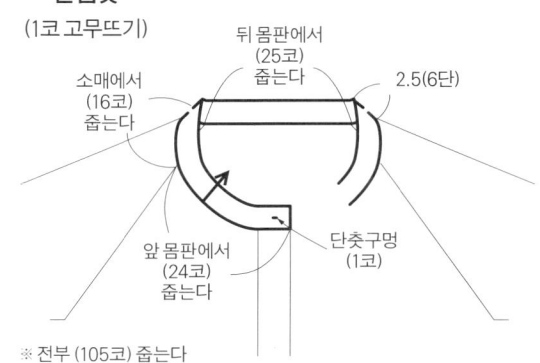

5 주머니 입구와 주머니 안쪽을 뜨고 주머니 입구의 양 끝은 떠서 꿰매기, 주머니 안쪽은 몸판에 휘갑치기로 답니다.

6 받침깃을 몸판과 소매에서 코를 주워 뜨고 마지막은 덮어씌워 코막음합니다. 옷깃은 1코 고무뜨기 코 만들기로 시작하고 마지막은 덮어씌워 코막음합니다. 오른쪽 그림을 참고해 받침깃에 그림과 맞대어 휘갑치기합니다.

7 왼쪽 덧단에 단추(대)를 달고 받침깃에 단추(소)를 답니다. 장식 테이프를 뜬 뒤 단추에 겁니다.

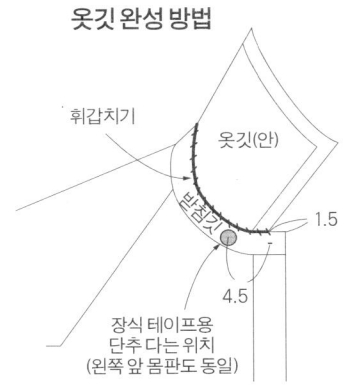

옷깃 완성 방법

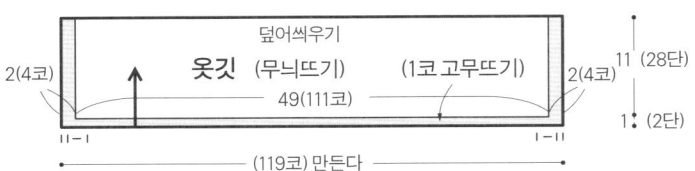

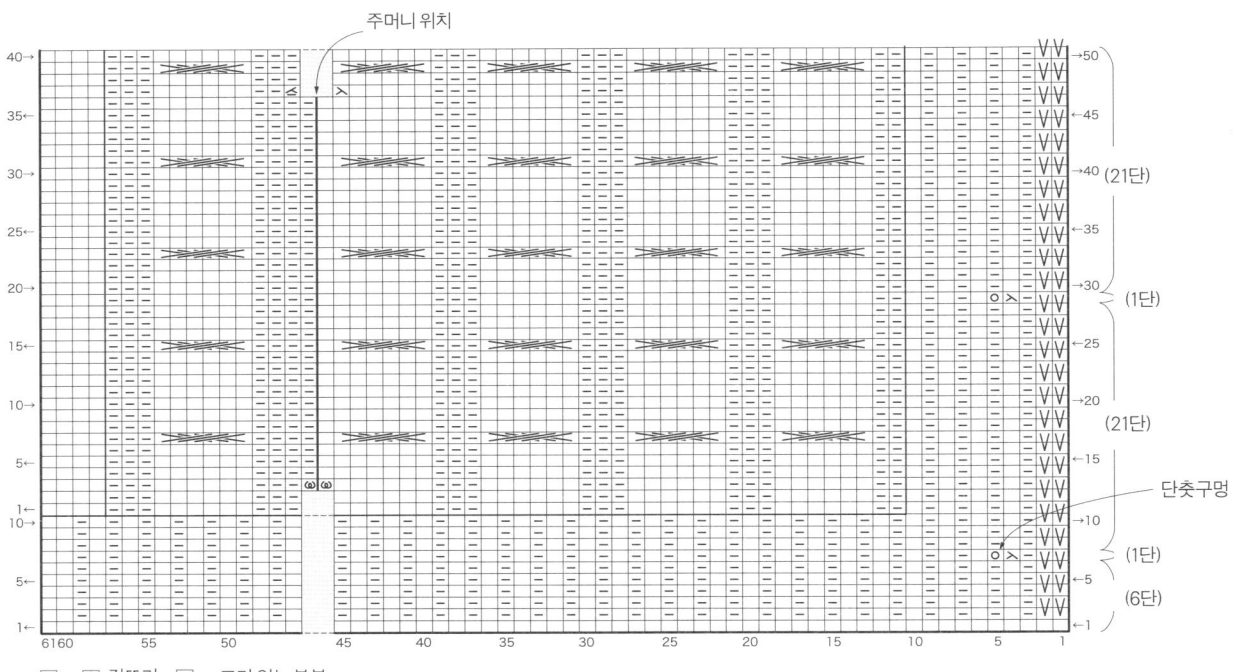

단춧구멍과 주머니 위치 뜨는 방법 (오른쪽 앞 몸판)

□ = 겉뜨기   □ = 코가 없는 부분

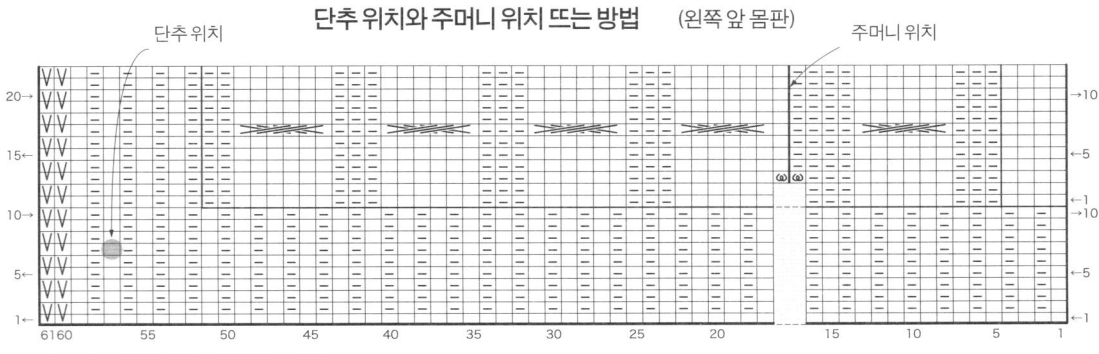

단추 위치와 주머니 위치 뜨는 방법 (왼쪽 앞 몸판)

□ = 겉뜨기   □ = 코가 없는 부분

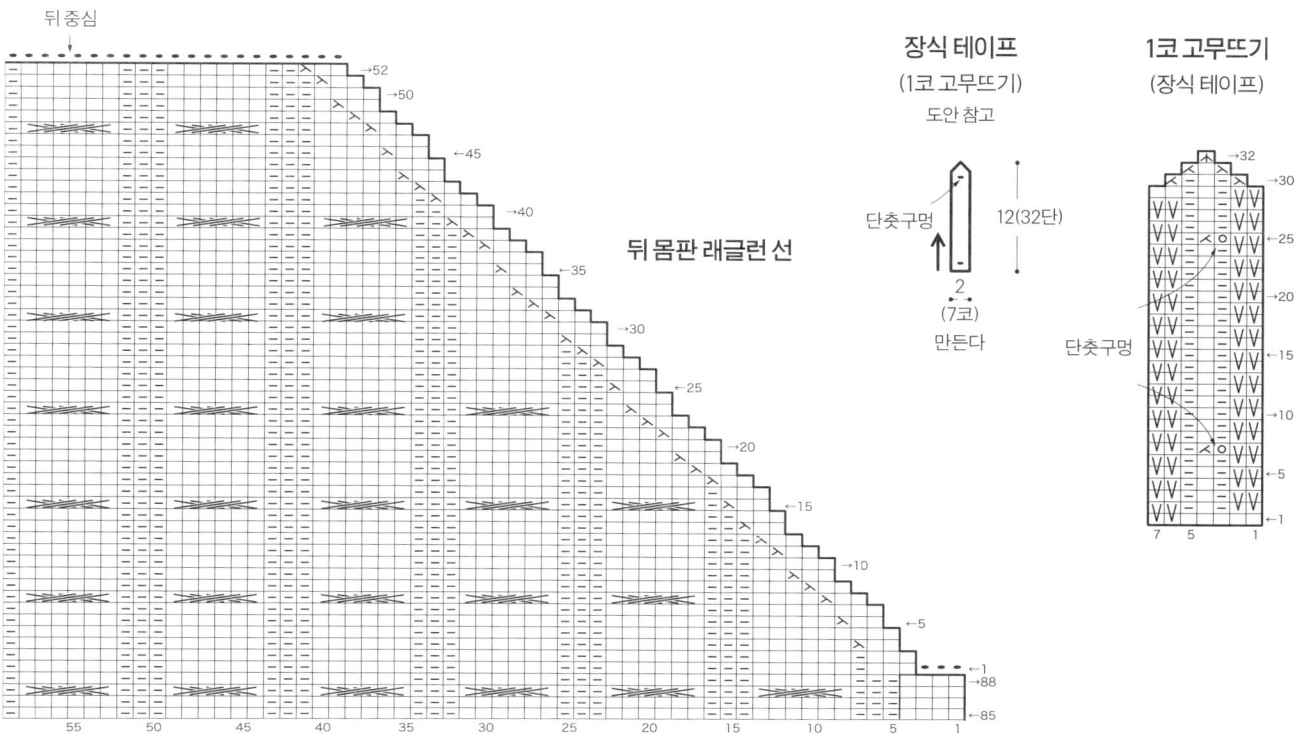
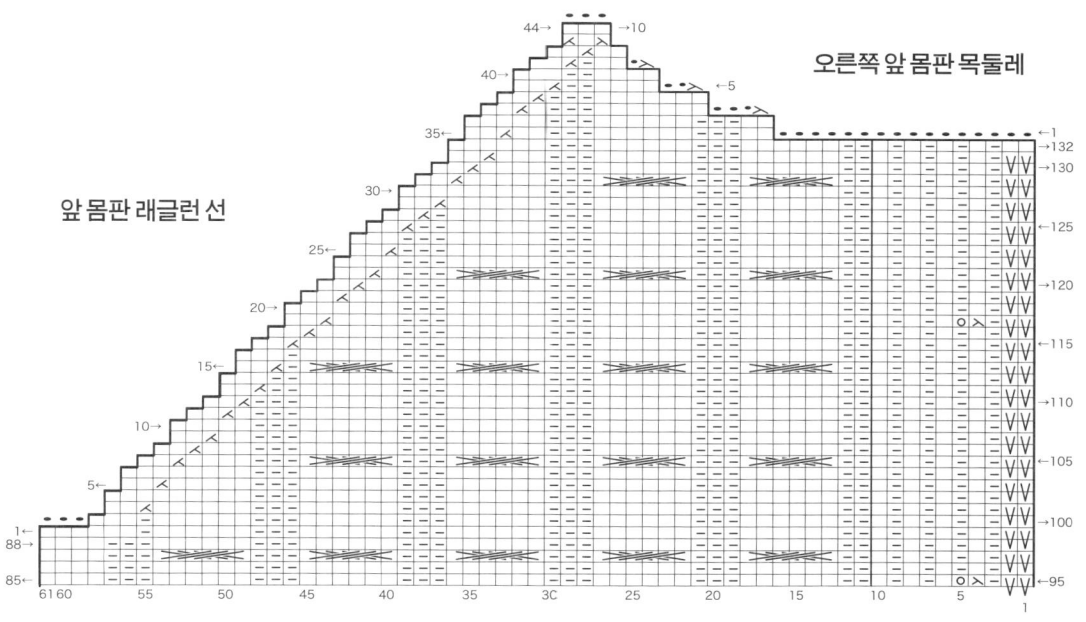
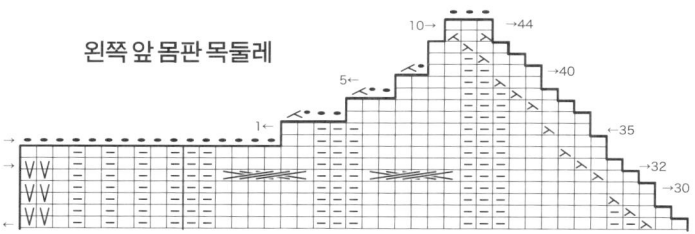

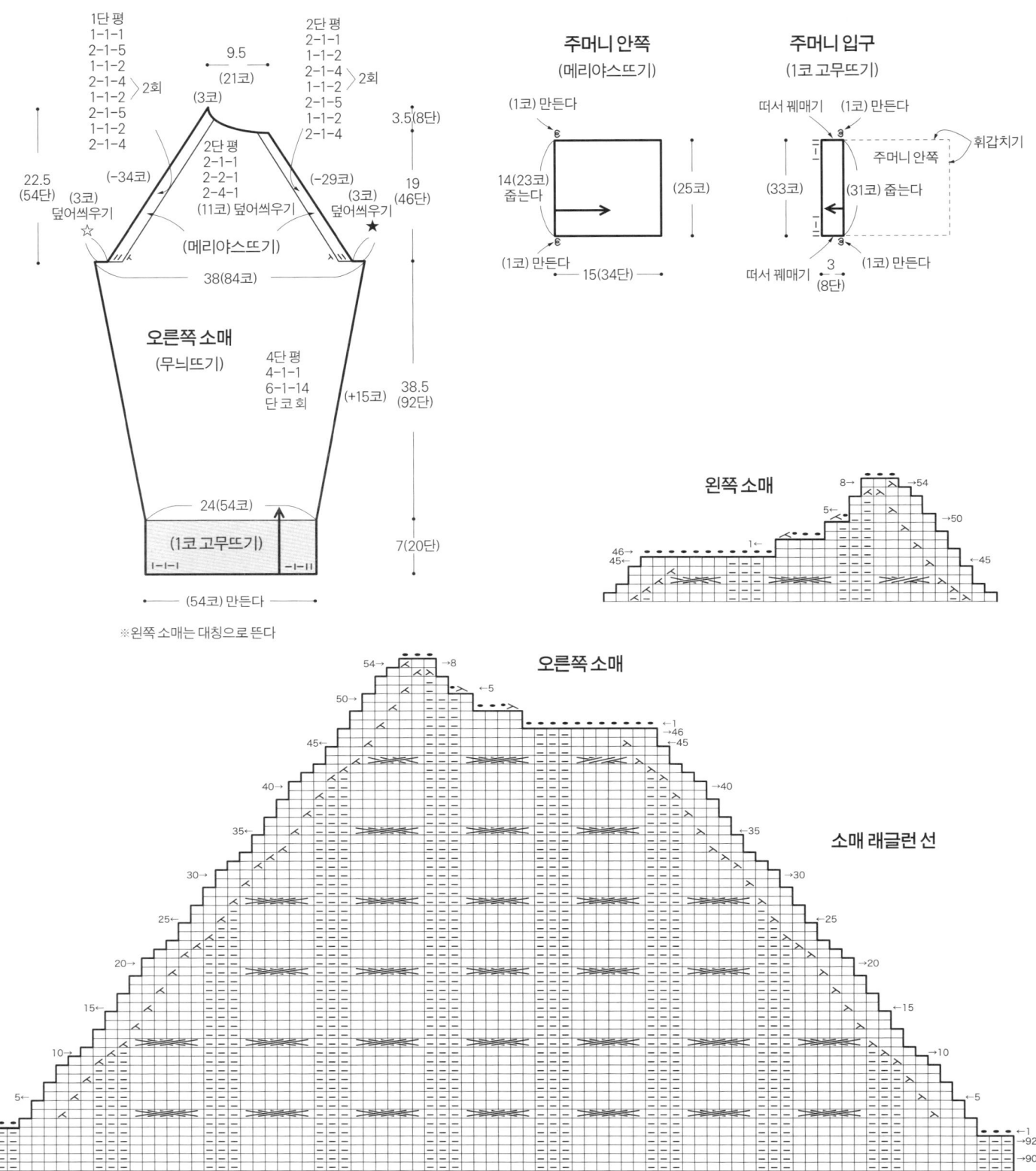

C / Muffler page 10 아란 머플러 세트

재료와 도구
실…리치모어 캐시미어 메리노
　회색(1)·인디고블루(23) 각 220g=각 6타래
바늘…대바늘 8호(4.5mm)

게이지
사방 10cm 무늬뜨기 B: 21코·25단
멍석뜨기: 16.5코·25단

완성 사이즈
폭 26cm, 길이 180cm

뜨는 방법
1 아랫부분에서 별도의 사슬코 산을 주워 코를 만들어 뜨기 시작합니다. 멍석뜨기와 무늬뜨기 A·B를 넣어 뜹니다. 이어서 1코 고무뜨기를 하고 마지막은 1코 고무뜨기 코막음을 합니다.

2 코를 만든 별도의 사슬을 풀어서 코를 줍고 1코 고무뜨기를 한 뒤 마지막은 1코 고무뜨기 코막음을 합니다.

※무늬뜨기 B를 뜨는 방법은 42쪽에 있습니다.

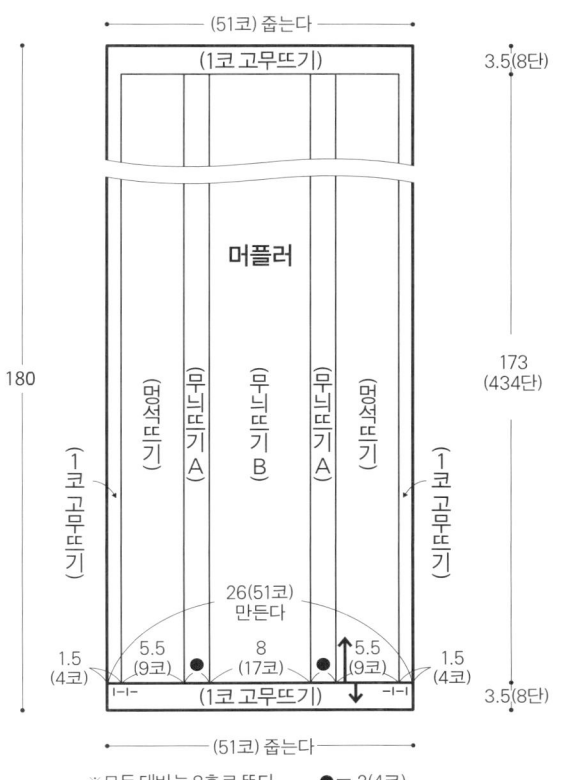

머플러 도안

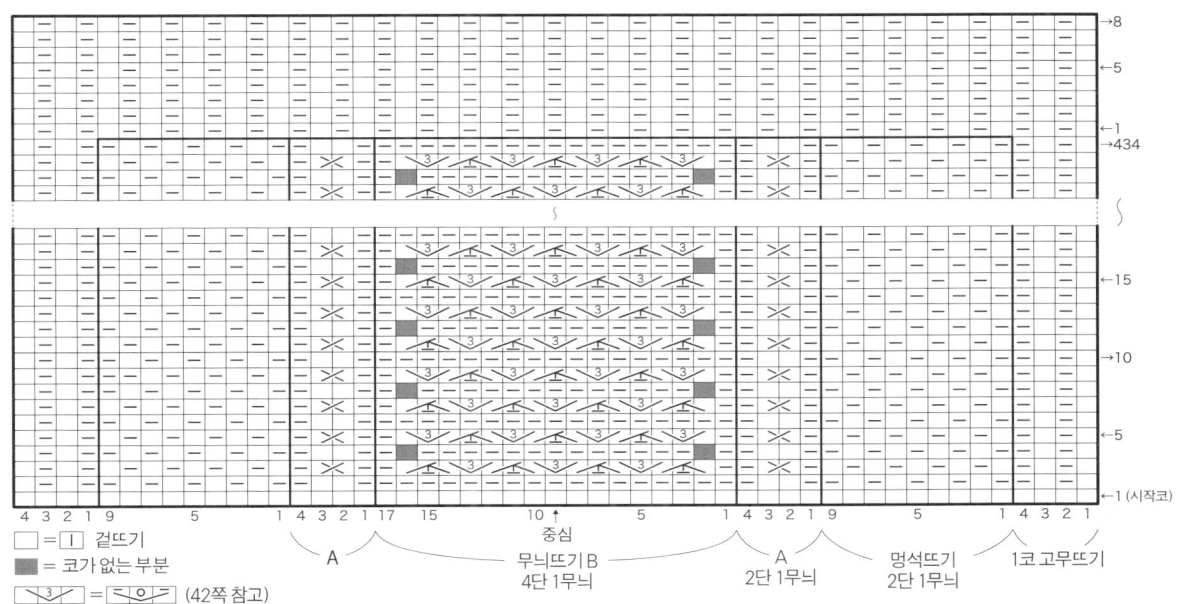

D / Muffler page 12 배색무늬 머플러

재료와 도구
실…리치모어 알파카 '파인'
  아이보리(1) 150g=6타래
  감청색(10) 50g=2타래
바늘…대바늘 7호(4.0mm)

게이지
사방 10cm에서 배색무늬 A·B: 18코·22단

완성 사이즈
폭 18cm, 길이 173cm

뜨는 방법
실은 모두 2가닥으로 뜹니다.

1. 아랫부분에서 별도의 사슬코 산을 주워 코를 만들고 지정한 배색대로 뜹니다. 양 끝의 코는 걸러뜨기하고 배색무늬 A·B는 실을 가로로 걸쳐서 뜹니다. 배색무늬 A'는 A와 위아래 대칭이 되게 뜹니다.
2. 이어서 2코 고무뜨기를 뜨는데, 1단에서 1코를 늘립니다. 마지막은 2코 고무뜨기 코막음을 합니다.
3. 코를 만든 별도의 사슬을 풀면서 코를 대바늘에 옮기고 2와 같이 뜹니다.

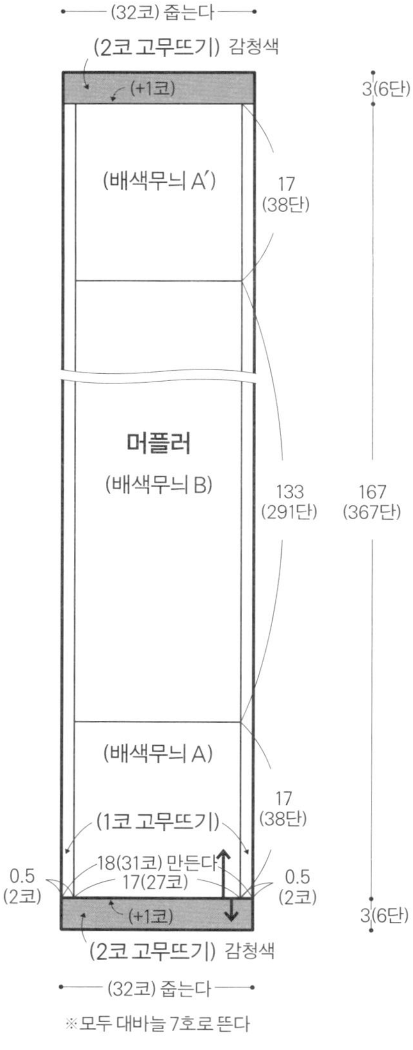

※모두 대바늘 7호로 뜬다

배색
■ = 감청색
□ = 아이보리

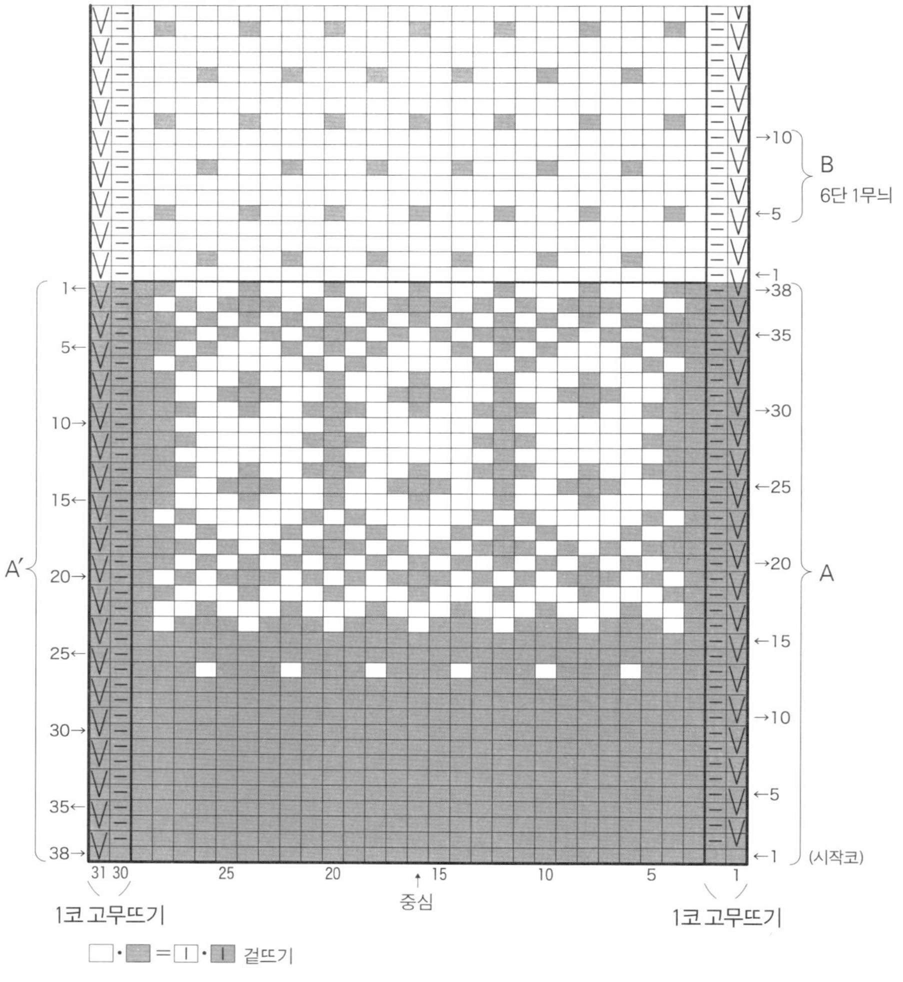

※배색무늬 A'는 배색무늬 A와 위아래 대칭으로 배치한다

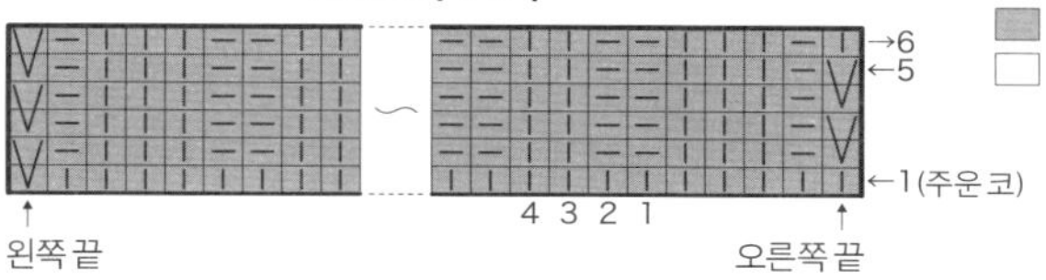

D / Cardigan page 12 배색무늬 카디건

재료와 도구
실…리치모어 알파카 '파인'
  감청색(10) 350g=14타래
  아이보리(1) 200g=8타래
바늘…대바늘 7호(4.0mm), 6호(3.5mm)
단추…지름 1.5cm(아이보리) 6개

게이지
사방 10cm 배색무늬 A·B: 16코·22단

완성 사이즈
가슴둘레 100.5cm, 어깨너비 38cm, 기장 62cm, 소매기장 56.5cm

뜨는 방법
실은 모두 2가닥으로 뜹니다.
1. 뒤 몸판은 밑단 위치에서 별도의 사슬코 산을 주워 코를 만들어 뜨기 시작합니다. 배색무늬는 실을 가로로 걸쳐서 뜹니다. 2코 이상의 코 줄이기는 덮어씌우고, 1코는 가장자리 3코를 세워 뜹니다. 어깨는 되돌아뜨기합니다.
2. 앞 몸판은 뒤 몸판과 마찬가지로 뜨고, 주머니 위치에 별실을 떠 넣습니다.
3. 소매는 몸판과 마찬가지로 뜨기 시작해 소매밑은 가장자리 1코 안쪽에서 돌려뜨기로 코를 늘려 뜹니다.
4. 어깨는 겉끼리 맞대어 덮어씌워 잇기, 옆선은 떠서 꿰매기로 연결합니다.
5. 밑단은 코를 만든 별도의 사슬을 풀어서 코를 줍고 1단에서 균등하게 코를 줄여 2코 고무뜨기를 뜬 뒤 마지막은 2코 고무뜨기 코막음을 합니다.
6. 주머니 입구와 주머니 안쪽은 별실 위아래에서 코를 주워(41쪽 참고) 뜹니다. 주머니 입구의 양 끝은 떠서 꿰매기, 주머니 안쪽은 휘갑치기로 답니다.
7. 소매는 몸판에 빼뜨기 꿰매기로 답니다. 덧단·옷깃은 손가락에 실을 걸어 코를 만들고 단춧구멍을 만들면서 뜨는데, 뜨기 시작과 뜨기 끝의 21단을 아이보리로 뜹니다. 마지막은 덮어씌워 코막음합니다. 몸판에 떠서 꿰매기와 코와 단 잇기로 답니다. 단추를 답니다.

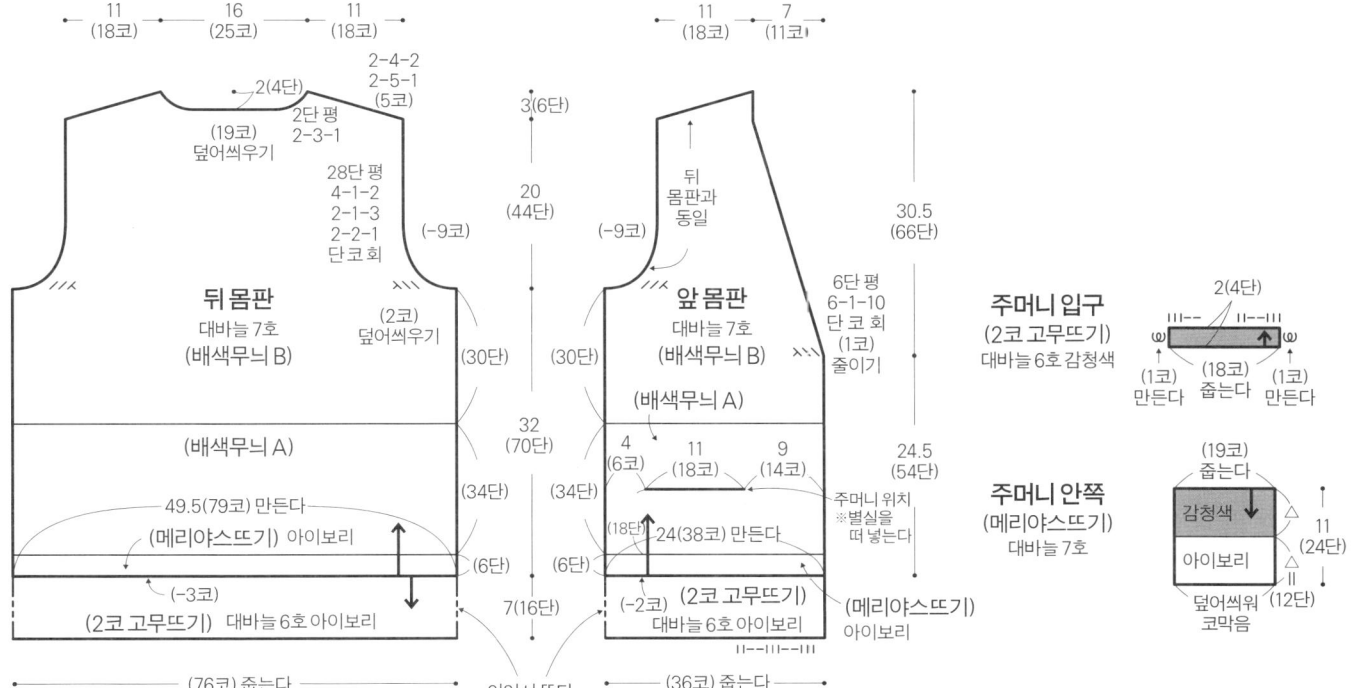

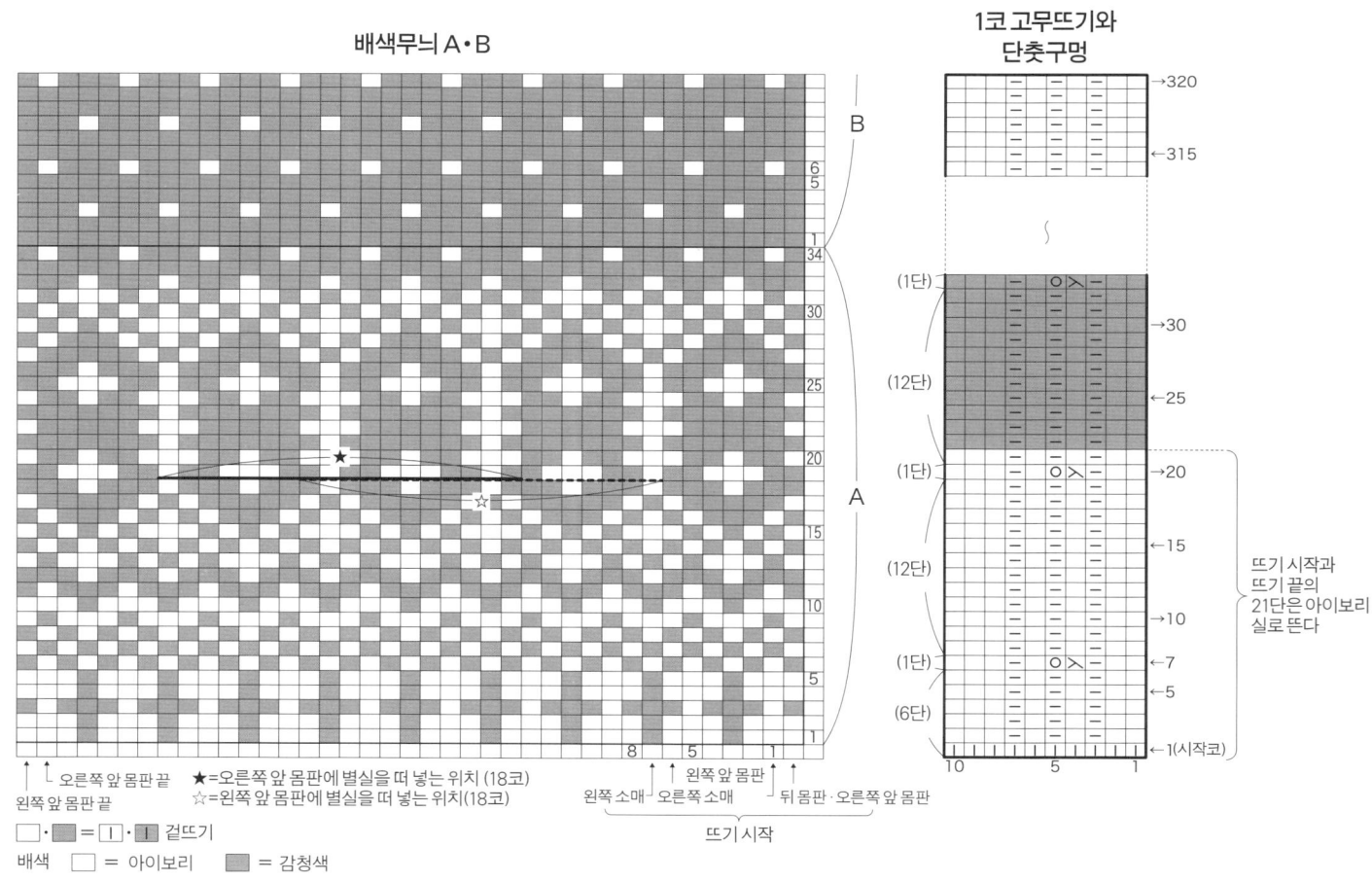

E / Sweater page 15 아란 무늬 터틀넥 스웨터

재료와 도구

실…리치모어 캐시미어 메리노
　　인디고블루(23) 470g=12타래
바늘…대바늘 8호(4.5㎜)

게이지

사방 10㎝ 무늬뜨기 C: 21코·25단
멍석뜨기: 17코·25단

완성 사이즈

가슴둘레 96㎝, 기장 61㎝, 화장 75㎝

뜨는 방법

1 몸판은 밑단 위치에서 별도의 사슬코 산을 주워 코를 만들어 시작하고 멍석뜨기와 무늬뜨기를 넣어 뜹니다. 래글런 선의 코 줄이기는 2코 이상은 덮어씌우고, 1코는 가장자리 3코를 세워 줄입니다. 목둘레의 코 줄이기는 가장자리 1코를 세워 뜹니다. 마지막은 덮어씌워 코막음합니다.

2 소매는 몸판과 마찬가지로 뜨기 시작하고 소매밑은 가장자리 1코 안쪽에서 돌려뜨기로 코를 늘려 뜹니다.

3 밑단과 소맷부리는 코를 만든 별도의 사슬을 풀어서 코를 줍고 1코 고무뜨기한 뒤 마지막은 1코 고무뜨기 코막음을 합니다.

4 옆선, 소매밑, 래글런 선은 떠서 꿰매기, 겨드랑이 아래는 맞춤 표시끼리 메리야스 잇기로 연결합니다.

5 옷깃은 몸판과 소매에서 코를 주워 원형으로 뜨고 마지막은 1코 고무뜨기 코막음을 합니다.

※무늬뜨기 C를 뜨는 방법은 42쪽에 있습니다.

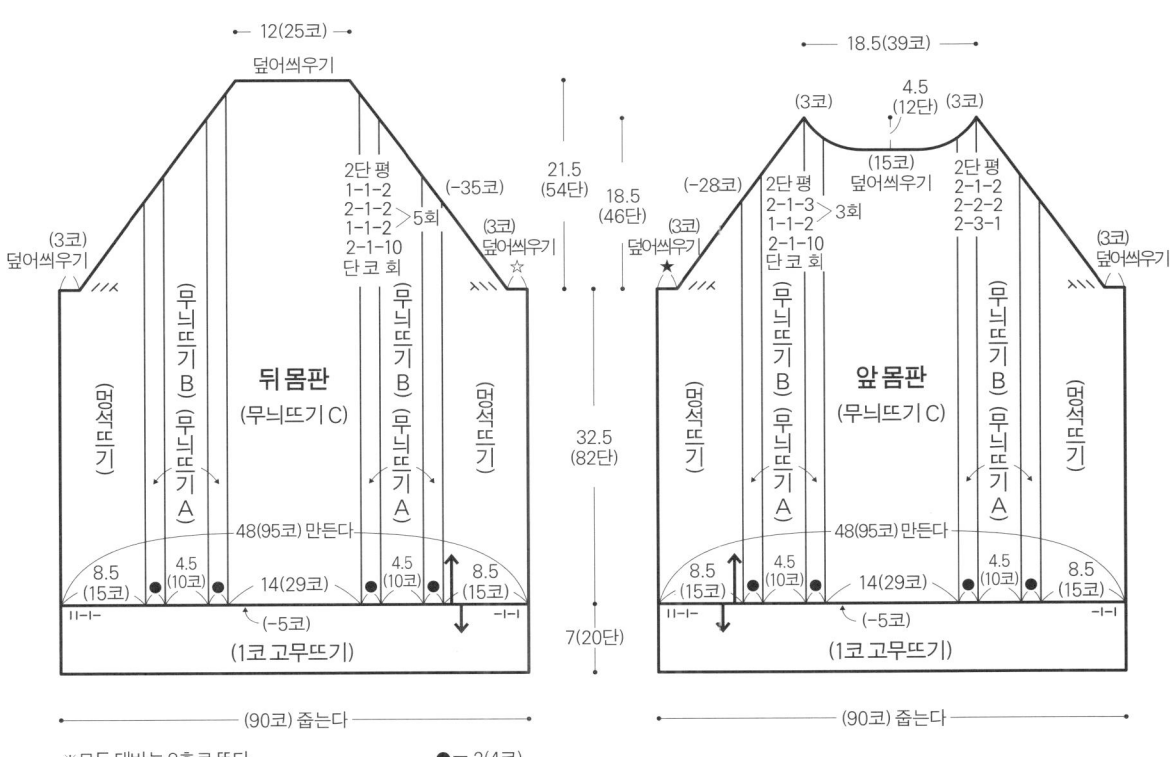

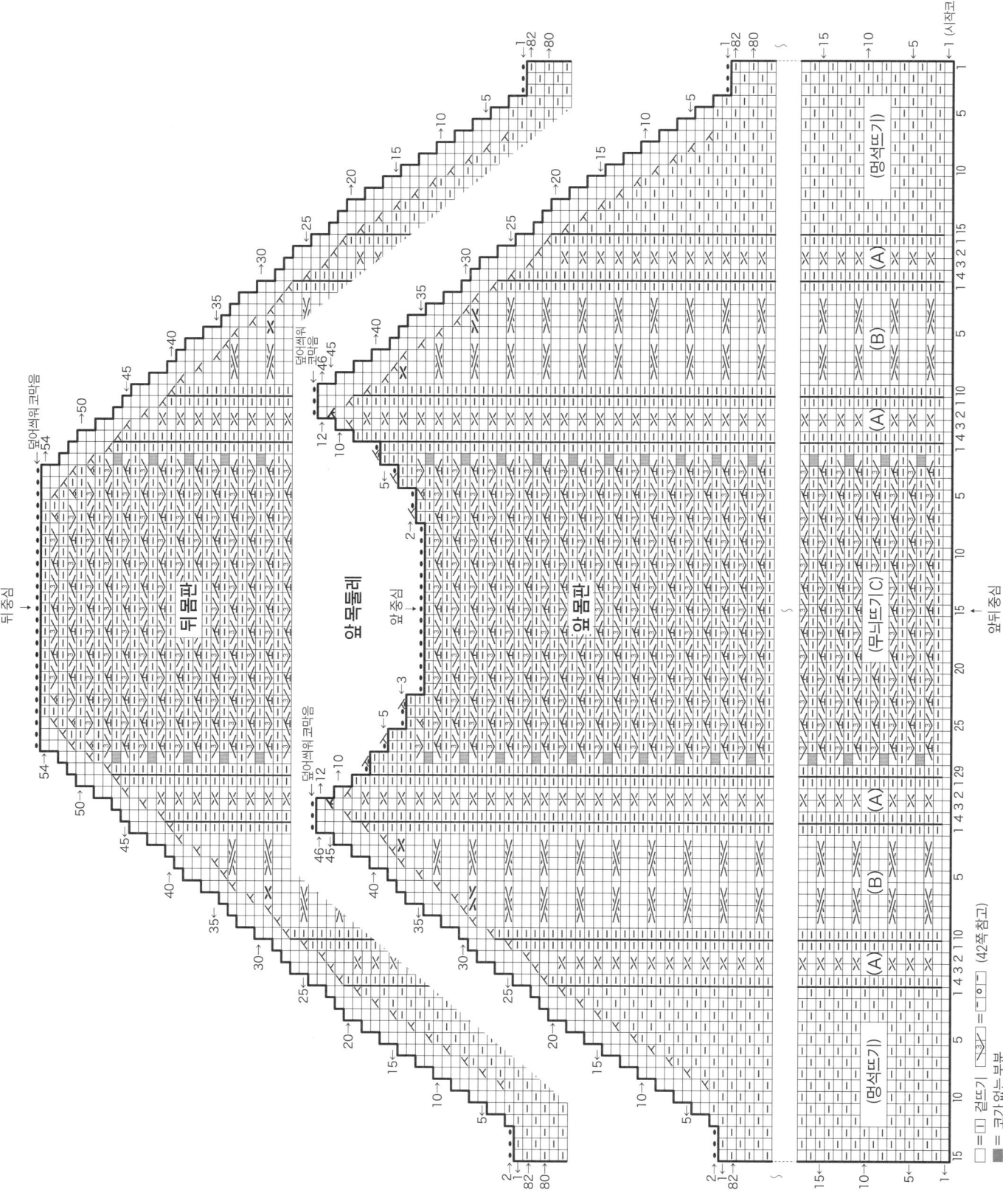

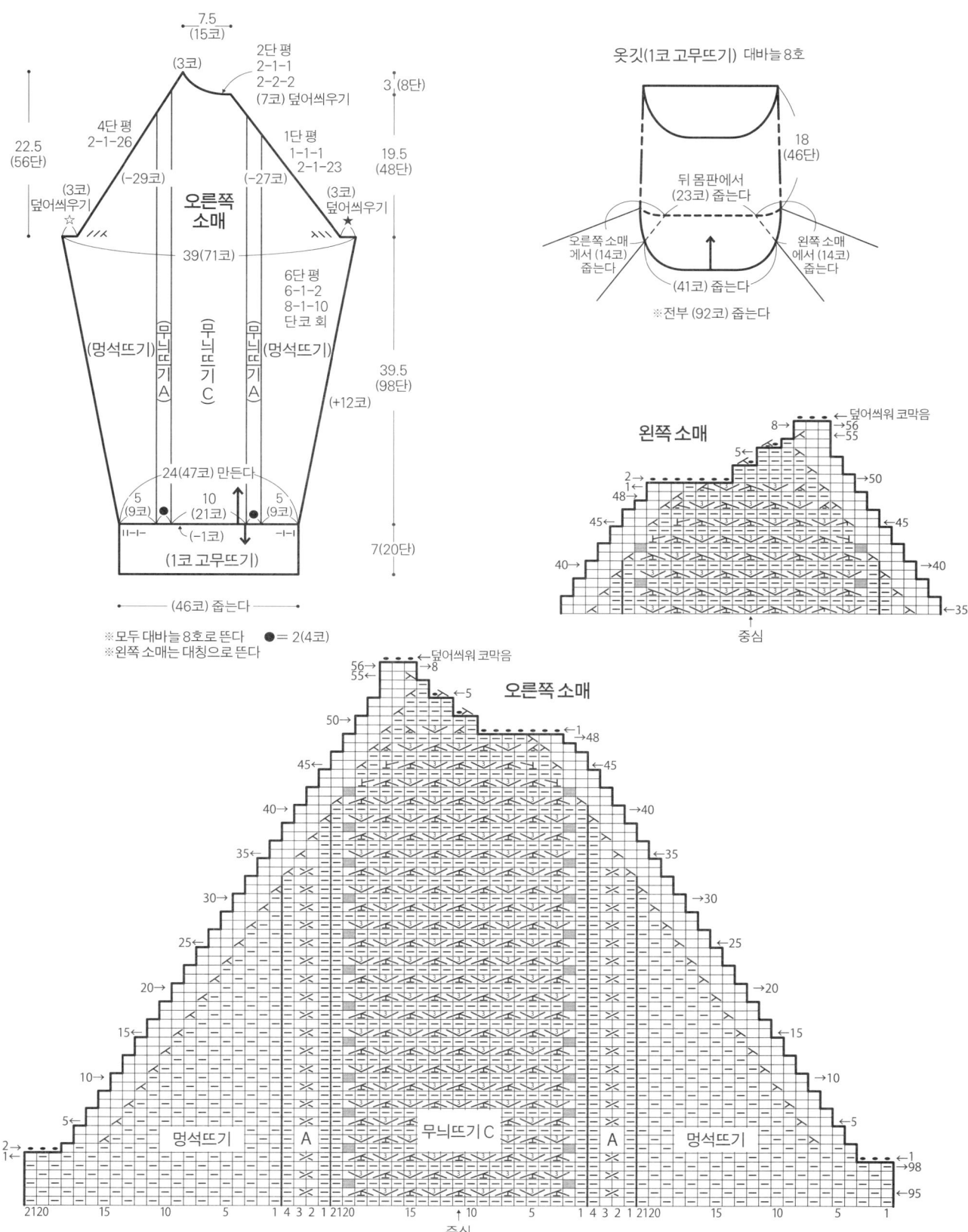

N / Sweater page 36 줄무늬 스웨터

재료와 도구
실…리치모어 스펙트르 모뎀 '파인'
오프화이트(301) 325g=9타래
네이비(314) 80g=2타래
바늘…대바늘 6호(3.5mm)

게이지
사방 10cm 메리야스뜨기·메리야스뜨기 줄무늬: 20코·28단

완성 사이즈
가슴둘레 96cm, 어깨너비 36cm, 기장 63cm, 소매기장 55.5cm

뜨는 방법
1 밑단에서 별도의 사슬코 산을 주워 코를 만들어 뜨기 시작합니다. 도안을 따라 뜨면서 양 끝에서 코를 늘립니다(96쪽 참고). 2코 이상의 코 줄이기는 덮어씌우고, 1코는 가장자리 1코를 세워 뜹니다. 어깨는 되돌아뜨기합니다. 밑단의 코를 만든 별도의 사슬을 풀어서 코를 줍고 겉뜨기로 1단 뜬 뒤 마지막은 안쪽에서 덮어씌워 코막음합니다.
2 소매는 몸판과 마찬가지로 뜨기 시작하고 소매밑은 가장자리 1코 안쪽에서 돌려뜨기로 코를 늘려 뜹니다.
3 어깨는 겉끼리 맞대어 빼뜨기 잇기, 옆선과 소매 아래는 떠서 꿰매기, 소매는 빼뜨기 꿰매기로 연결합니다.
4 옷깃은 몸판에서 코를 주워 원형으로 뜹니다.

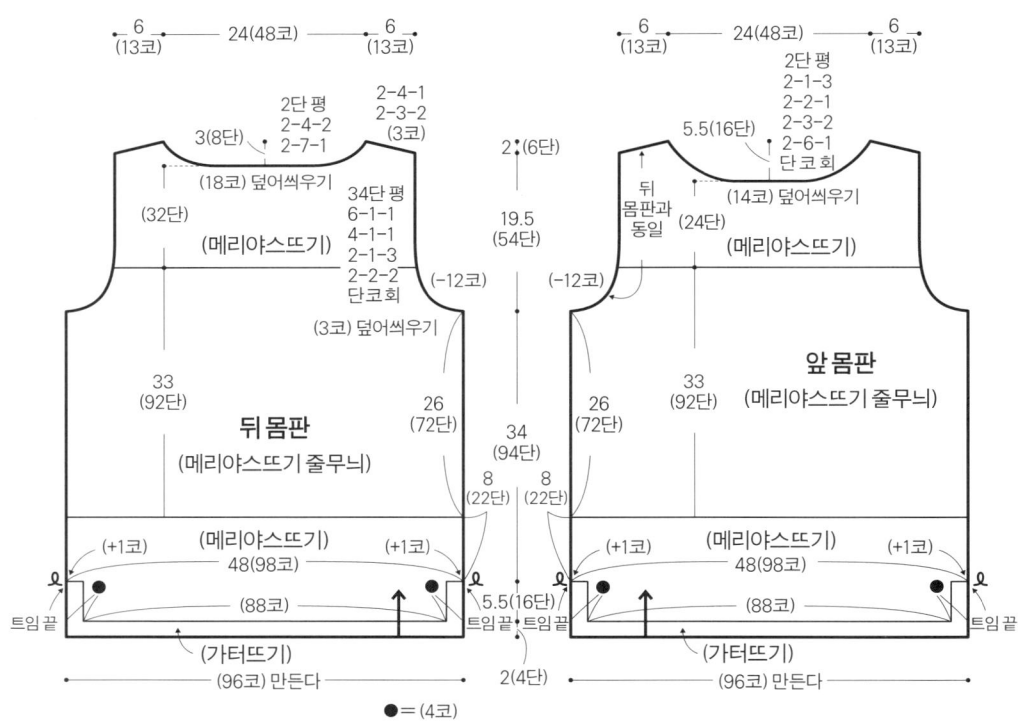

※ 모두 대바늘 6호로 뜬다
※ 따로 표시한 것 외에는 오프화이트 실로 뜬다

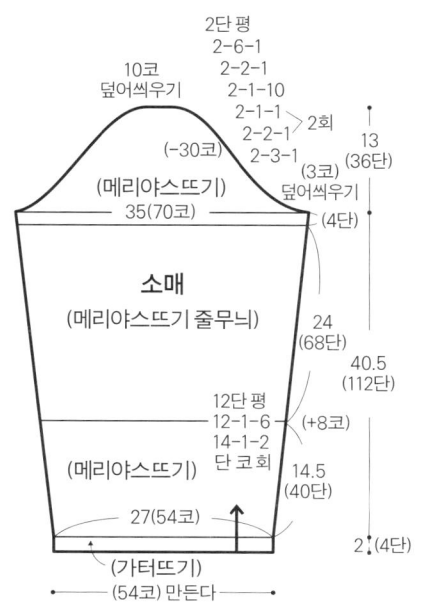

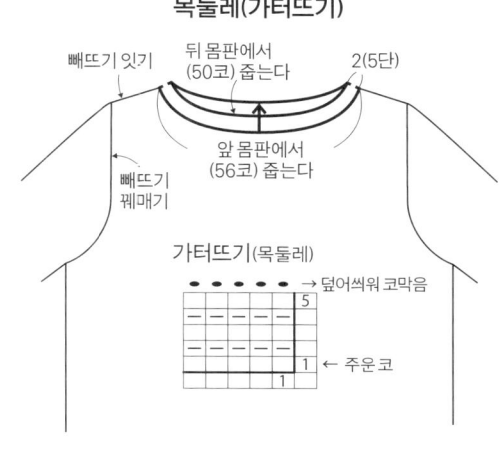

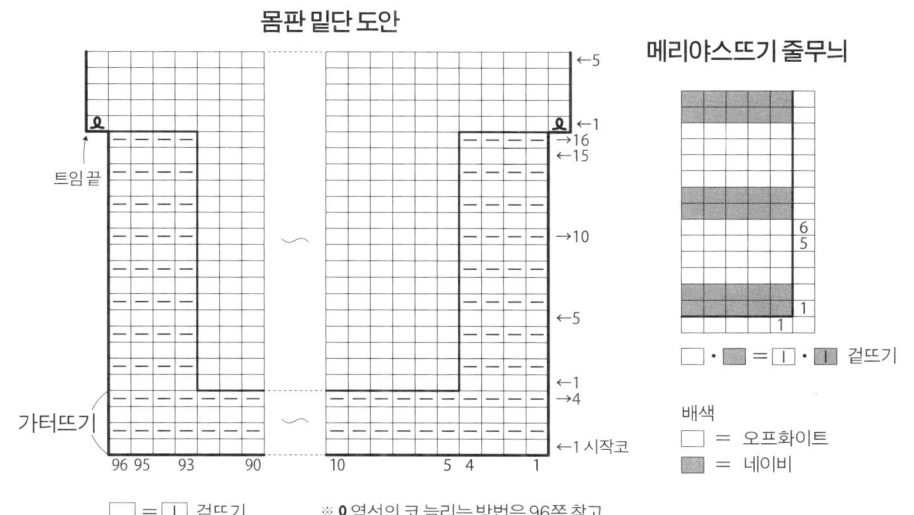

K / Cape page 26 비침무늬 케이프

재료와 도구
실…리치모어 캐시미어
    연회색(106) 240g=12타래
바늘…줄바늘 15호(6.0mm)

게이지
사방 10cm 무늬뜨기 A·B: 18코·30단

완성 사이즈
기장 60cm

뜨는 방법
1. 밑단에서 손가락에 실을 걸어 코를 만들고 무늬뜨기 A를 증감 없이 26단 뜹니다.
2. 이어서 무늬뜨기 B를 그림과 같이 분산해 코를 줄여 뜹니다. 마지막 5코에 실을 꿰어 조입니다.
3. 덧단·옷깃은 본체에서 코를 줍고 무늬뜨기 A′를 증감 없이 뜹니다. 마지막은 조금 느슨하게 덮어씌워 코막음합니다.

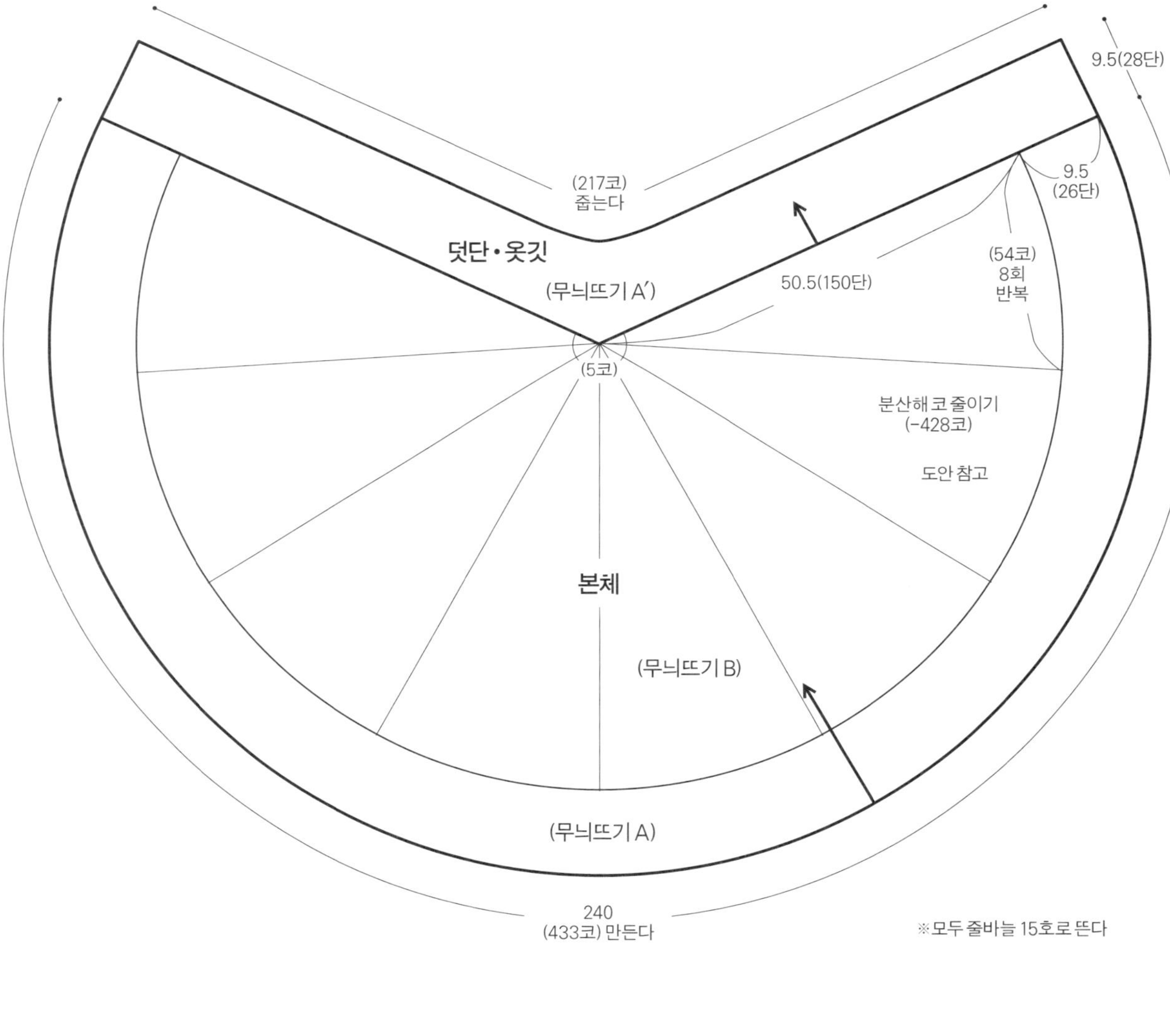

- 9.5(28단)
- 9.5(26단)
- (217코) 줄는다
- 덧단·옷깃 (무늬뜨기 A′)
- 50.5(150단)
- (54코) 8회 반복
- (5코)
- 분산해 코 줄이기 (−428코) 도안 참고
- 본체 (무늬뜨기 B)
- (무늬뜨기 A)
- 240 (433코) 만든다

※모두 줄바늘 15호로 뜬다

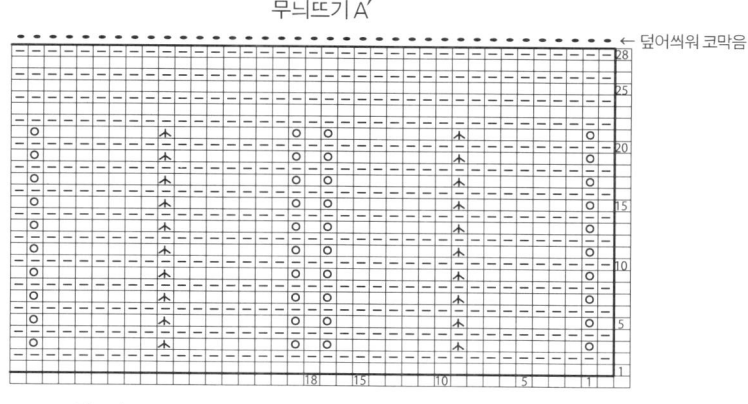

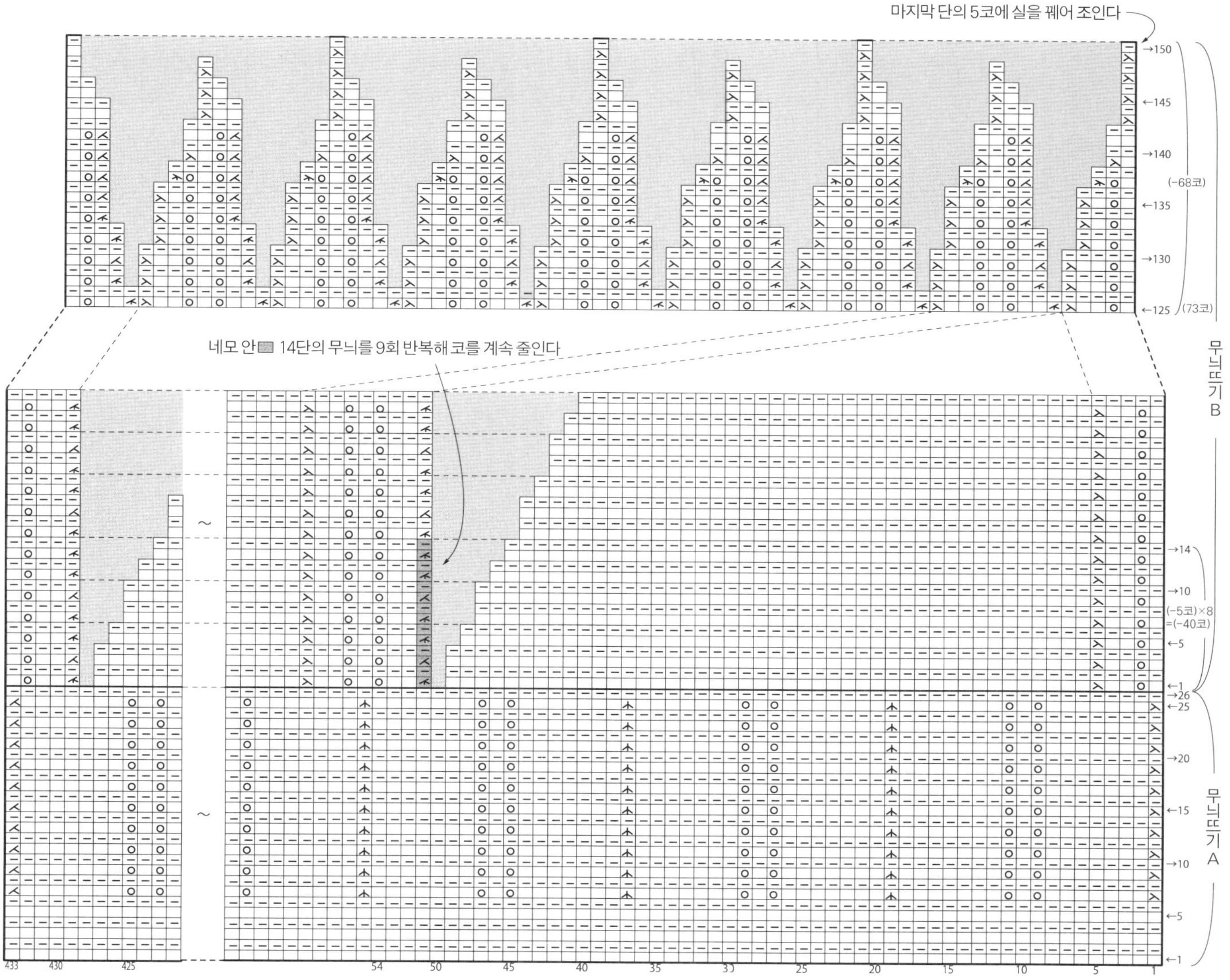

L / Jacket page 30　네이비 재킷

재료와 도구
실…리치모어 스펙트르 모뎀
　네이비(45) 485g=13타래
바늘…대바늘 8호(4.5mm), 코바늘 8/0호
단추…지름 2.3cm(메탈릭실버) 10개, 지름 2.3cm (안쪽 단추) 1개, 지름 1.2cm(밑단추) 9개

게이지
사방 10cm 메리야스뜨기·멍석뜨기: 18코·24단

완성 사이즈
가슴둘레 98cm, 어깨너비 37cm, 기장 60cm, 소매기장 57.5cm

뜨는 방법
1. 몸판은 밑단 위치에서 작품을 뜨는 실로 뜬 연결 사슬코 산을 주워 코를 만들어 뜨기 시작합니다. 2코 이상의 코 줄이기는 덮어씌우고, 1코는 가장자리 1코를 세워 뜹니다. 도안을 따라 단춧구멍을 만들며 뜹니다. 어깨는 되돌아뜨기합니다.
2. 소매는 몸판과 마찬가지로 뜨기 시작하고 소매밑은 가장자리 1코 안쪽에서 돌려뜨기로 코를 늘려 뜹니다.
3. 옷깃, 주머니는 몸판과 마찬가지로 뜨기 시작합니다.
4. 어깨는 겉끼리 맞대어 빼뜨기 잇기, 옆선과 소매밑은 떠서 꿰매기로 연결합니다.
5. 테두리뜨기는 몸판에서 코를 주워 같은 방향으로 2단 뜹니다. 소맷부리의 테두리뜨기는 원형으로 뜹니다.
6. 옷깃은 몸판에 휘갑치기로 달고 주머니는 지정한 위치에 답니다. 단추는 오른쪽 앞 몸판의 가장 위쪽에는 안쪽 단추, 그 외에는 밑단추를 더해서 답니다.

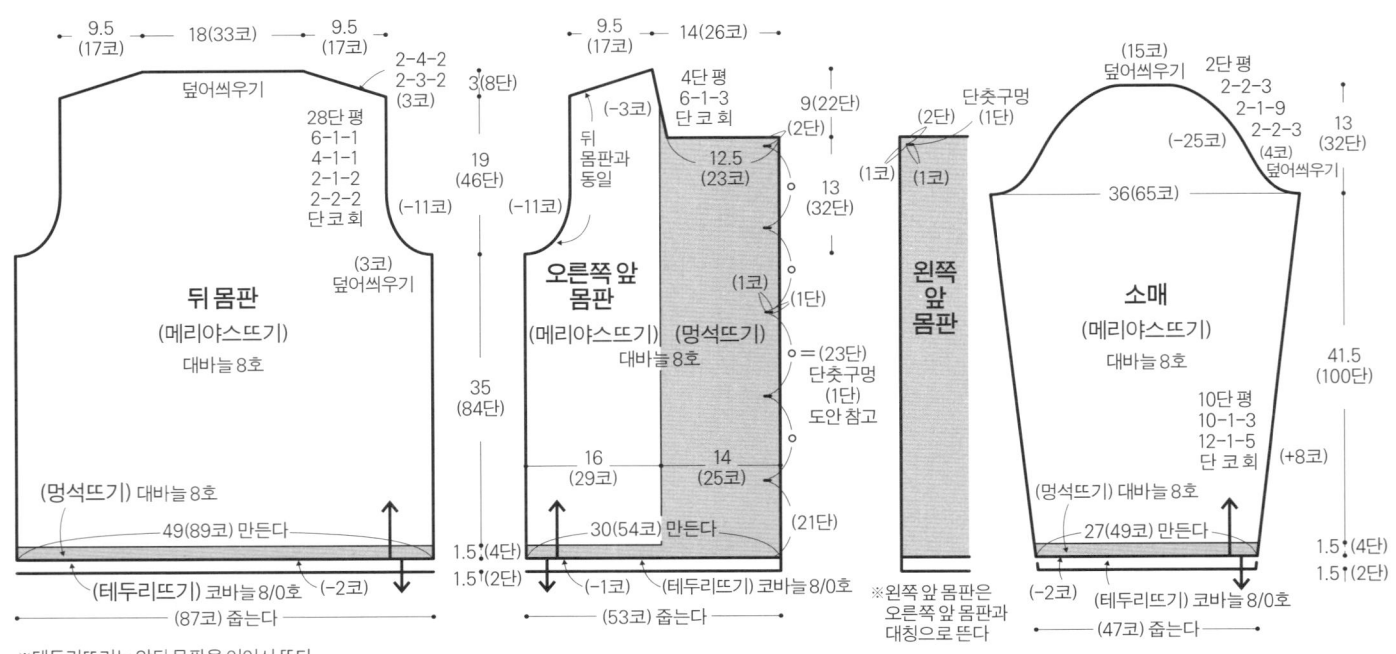

옷깃 (멍석뜨기) 8호 대바늘

※맞춤 표시를 맞대어 옷깃을 단다

주머니 (2장)

테두리뜨기

멍석뜨기

단춧구멍

테두리뜨기와 완성 방법

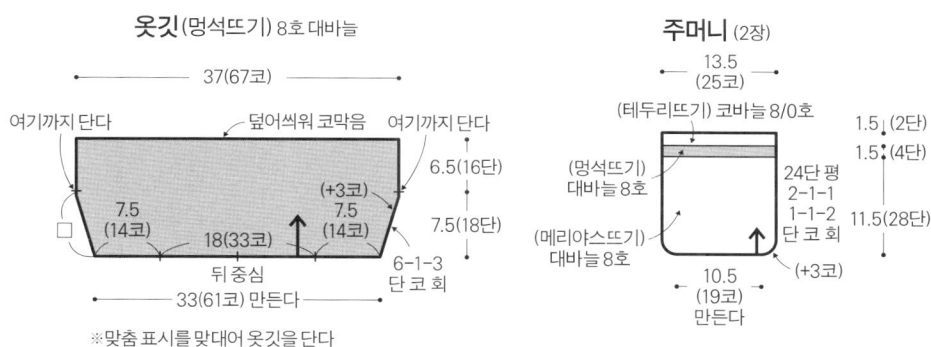

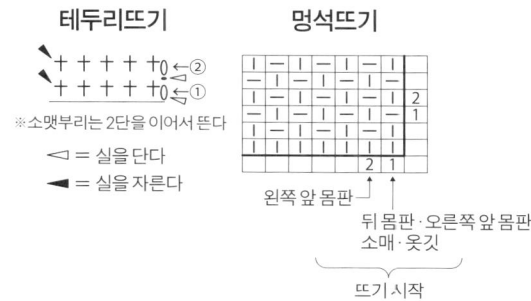

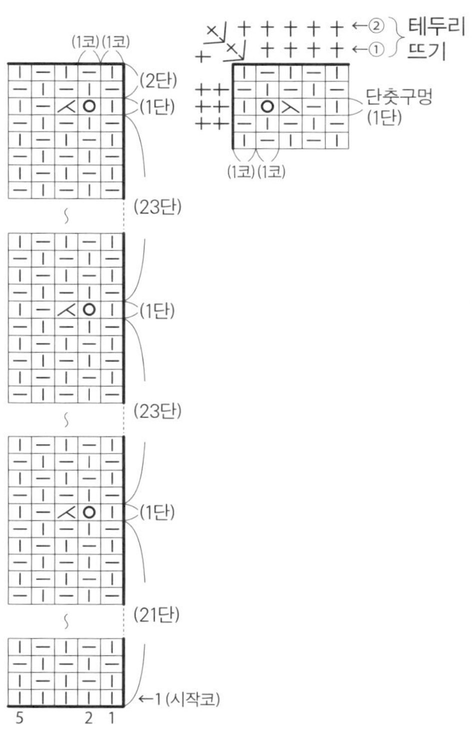

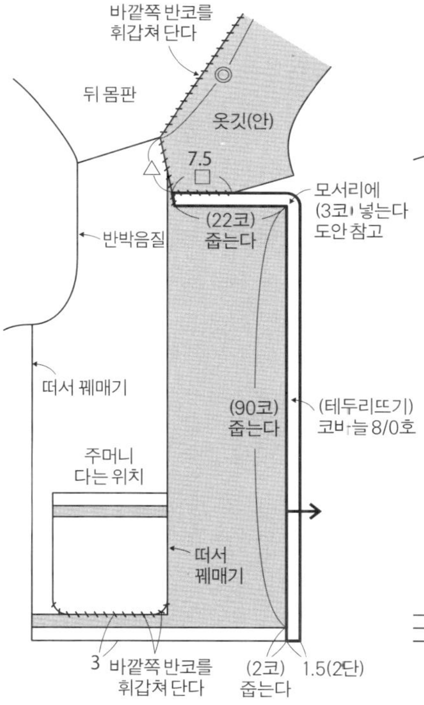

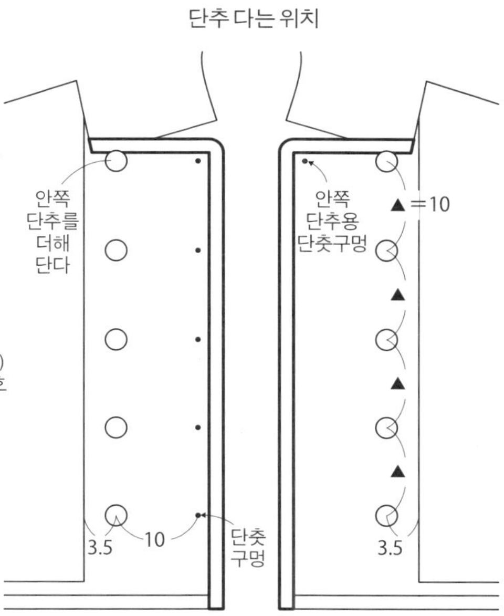

[억지 단춧구멍]

1 2  3

1. 단춧구멍 위치의 뜨개코에 코바늘을 넣고 위아래로 벌려 단추가 들어갈 크기로 만듭니다.
2. 벌린 코를 고정하기 위해 빙 둘러 버튼홀스티치를 합니다.
3. 안쪽에서 실을 처리하면 완성됩니다.

[옆선의 코 늘리는 방법]

1 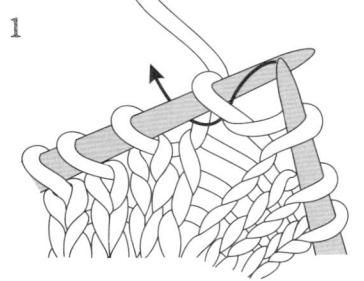 2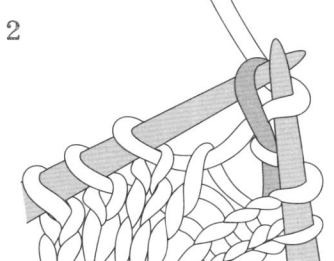

1. 겉뜨기를 하고, 뜬 코를 대바늘에 건 채로 오른쪽 대바늘을 뒤쪽에서 넣습니다.
2. 대바늘에 실을 걸고 빼내 겉뜨기합니다. 1코 늘어났습니다.

[감아코로 늘리기]

*오른쪽

1 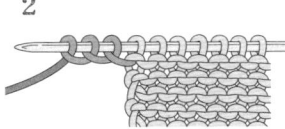 2 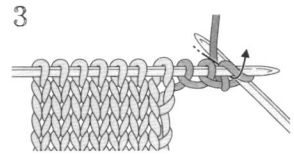 3

1. 검지에 건 실에 그림과 같이 대바늘을 넣고 손가락을 뺍니다.
2. 1을 반복해 3코를 늘렸습니다.
3. 다음 단은 오른쪽 대바늘을 앞쪽에서 넣고 겉뜨기합니다. 늘린 코가 이어질 때는 가장자리 코는 걸러뜨기합니다.

*왼쪽

1 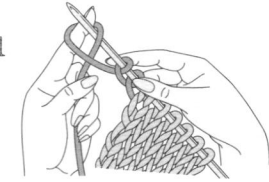 2 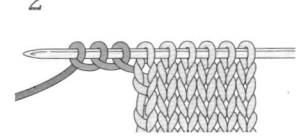 3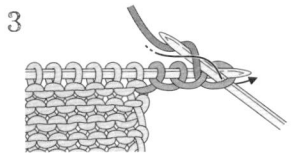

1. 검지에 건 실에 그림과 같이 대바늘을 넣고 손가락을 뺍니다.
2. 1을 반복해 3코를 늘렸습니다.
3. 다음 단은 오른쪽 대바늘을 뒤쪽에서 넣고 안뜨기합니다. 늘린 코가 이어질 때는 가장자리 코는 걸러뜨기합니다.

O / Vest page 37 아란 베스트

재료와 도구
실…리치모어 캐시미어 메리노
아이보리(6) 260g= 7타래
바늘…대바늘 8호(4.5mm)

게이지
사방 10cm 무늬뜨기 C: 20코·25단
멍석뜨기: 17코·25단

완성 사이즈
가슴둘레 94cm, 어깨너비 37cm, 기장 62cm

뜨는 방법
1. 밑단 위치에서 별도의 사슬코 산을 주워 코를 만들어 뜨기 시작합니다. 뒤 몸판은 멍석뜨기로, 앞 몸판은 멍석뜨기와 무늬뜨기를 넣어 뜹니다. 진동둘레, 목둘레의 코 줄이기는 2코 이상은 덮어씌우고, 1코는 가장자리 3코를 세워 뜹니다. 어깨는 되돌아뜨기합니다.
2. 밑단은 코를 만든 별도의 사슬을 풀어서 코를 주워, 뒤 몸판은 균등하게 코를 늘리고 앞 몸판은 코를 줄여 1코 고무뜨기한 뒤 마지막은 1코 고무뜨기 코막음을 합니다.
3. 어깨는 겉끼리 맞대어 덮어씌워 잇기, 옆선은 떠서 꿰매기로 연결합니다.
4. 옷깃과 진동둘레는 몸판에서 코를 주워 1코 고무뜨기를 원형으로 뜨고 마지막은 1코 고무뜨기 코막음을 합니다.
※42~43쪽에서 뜨는 방법을 사진으로 설명합니다.

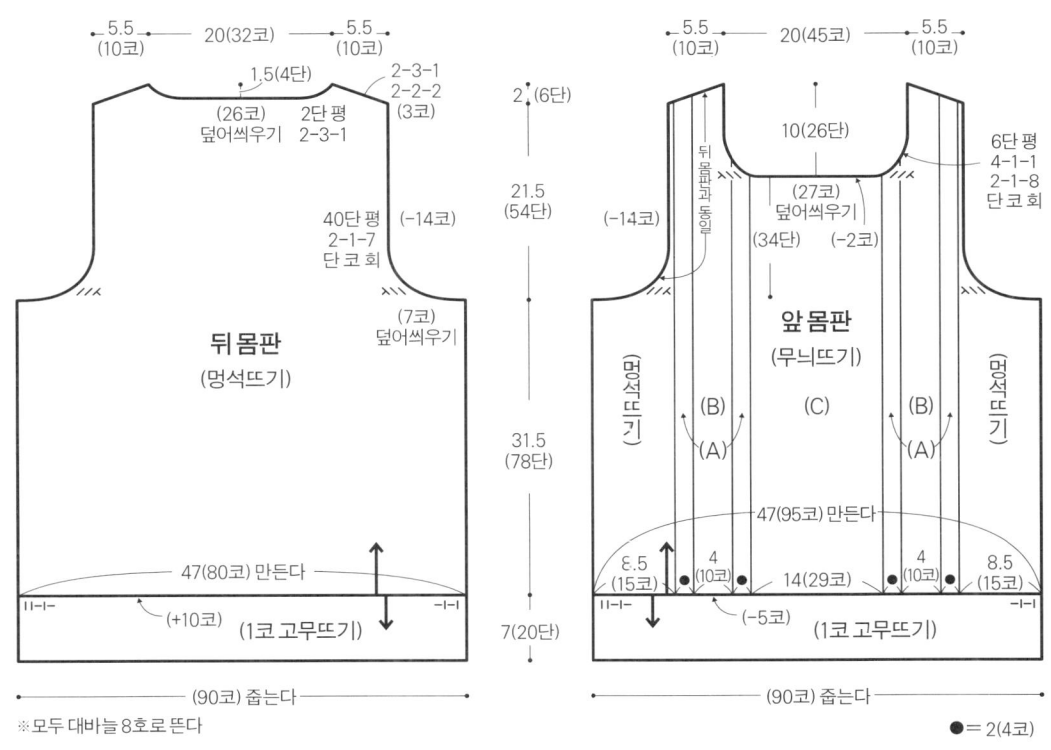

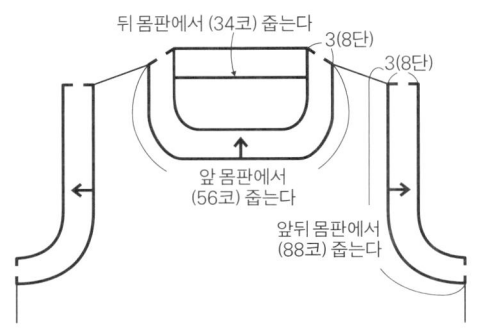

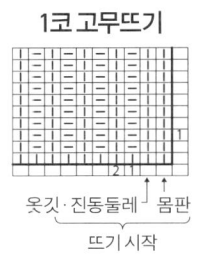

1코 고무뜨기

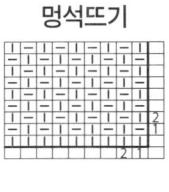

멍석뜨기

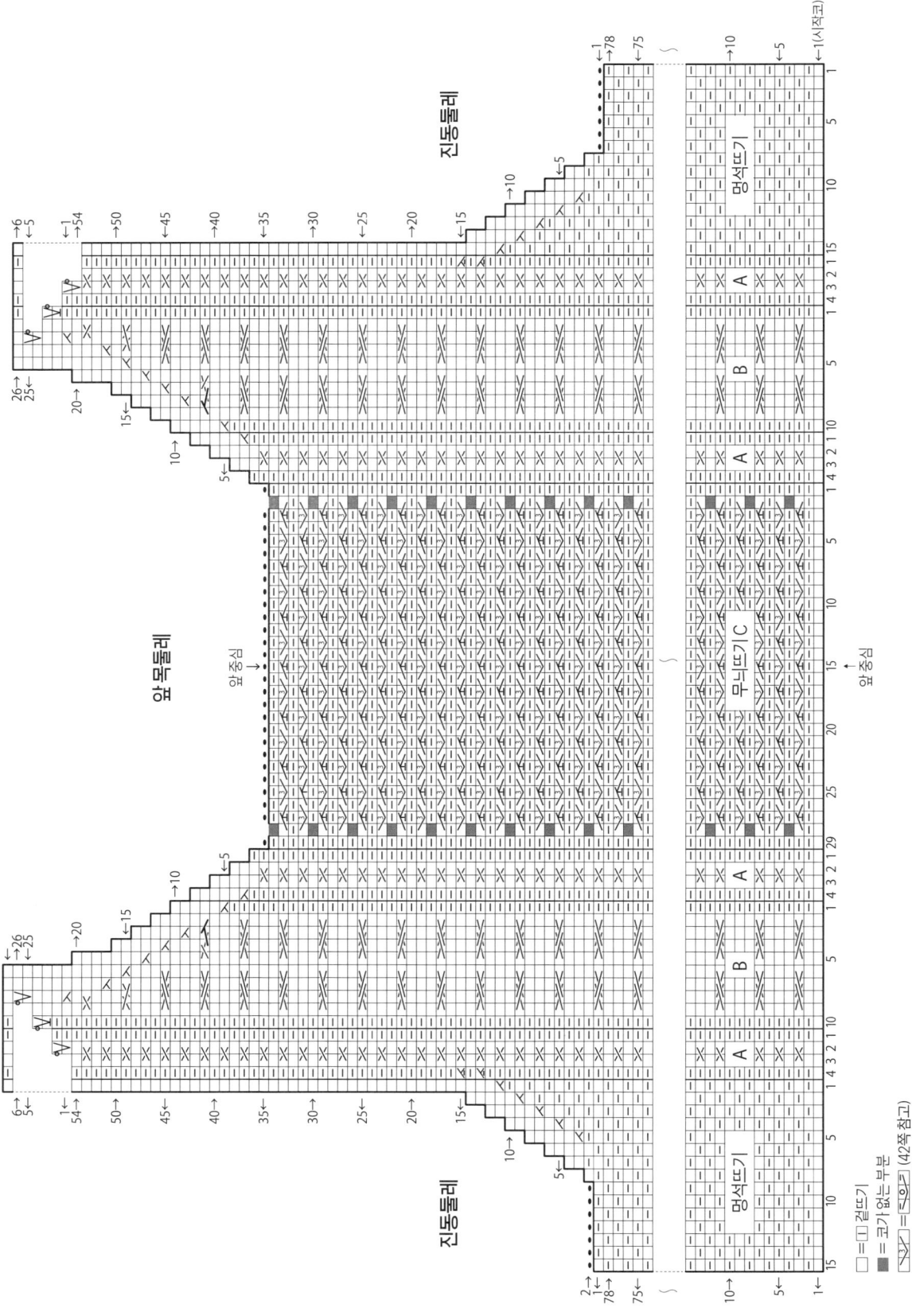

O / Cap page 37 아란 모자

재료와 도구
실…리치모어 캐시미어 메리노
아이보리(6) 80g= 2타래
바늘…대바늘 8호(4.5mm)

게이지
사방 10cm 무늬뜨기: 22코·26단

완성 사이즈
머리둘레 58cm, 깊이 21cm

뜨는 방법
1 입구 위치에서 별도의 사슬코 잡아 주워 코를 만들어 뜨기 시작하고 무늬뜨기를 원형으로 뜹니다. 도안을 따라 분산해 코를 줄여 뜨고 마지막 코에 실을 2번 꿰어 조입니다.
2 입구는 코를 만든 별도의 사슬을 풀어서 코를 줍고 1코 고무뜨기를 원형으로 뜬 뒤 마지막은 1코 고무뜨기 코막음을 합니다.
3 방울을 만들고 꼭대기에 꿰매어 답니다.

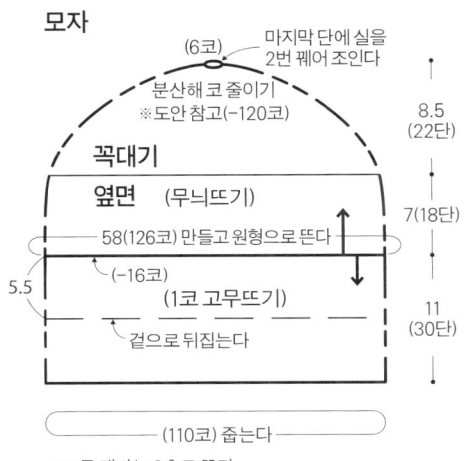

모자

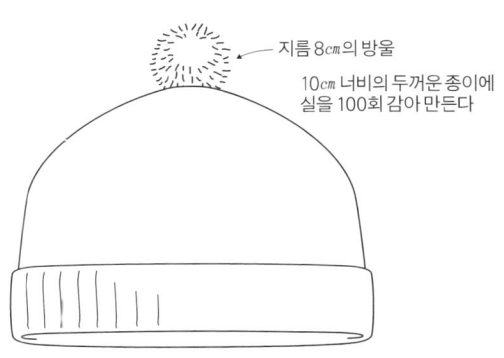

무늬뜨기와 꼭대기에서 코를 분산해 줄이는 방법

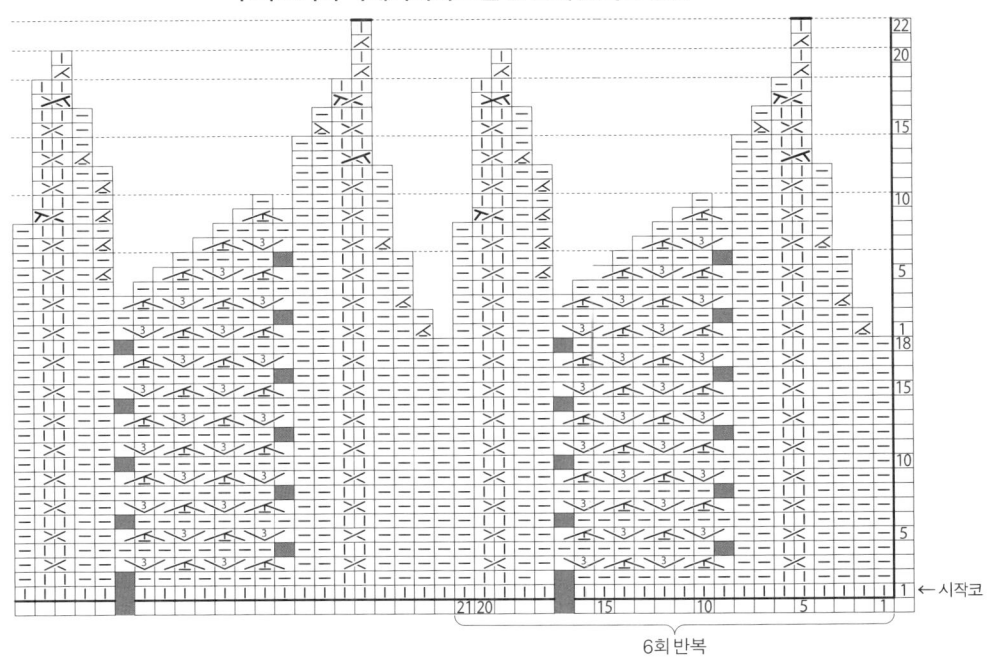

■ = 코가 없는 부분   = 교차시켜 2코 모아 코 줄이기

Basics / 대바늘뜨기의 기초

[손가락에 실을 걸어 시작코 만들기]

1
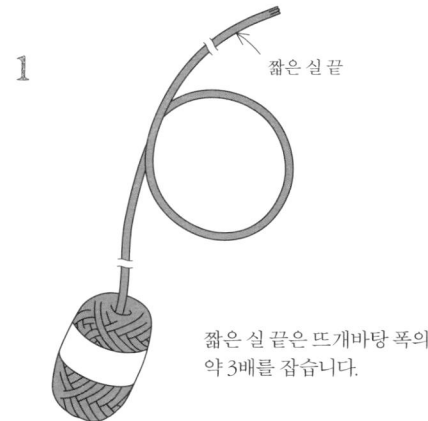
짧은 실 끝
짧은 실 끝은 뜨개바탕 폭의 약 3배를 잡습니다.

2
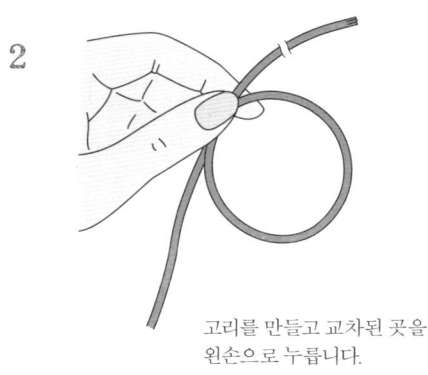
고리를 만들고 교차된 곳을 왼손으로 누릅니다.

3
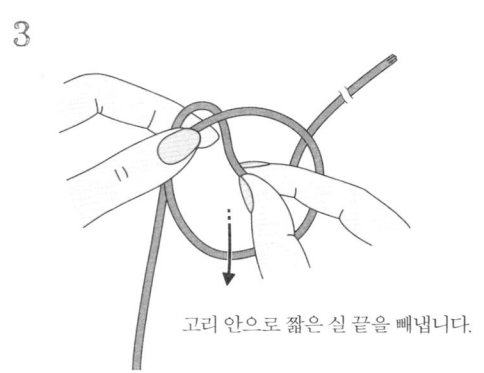
고리 안으로 짧은 실 끝을 빼냅니다.

4
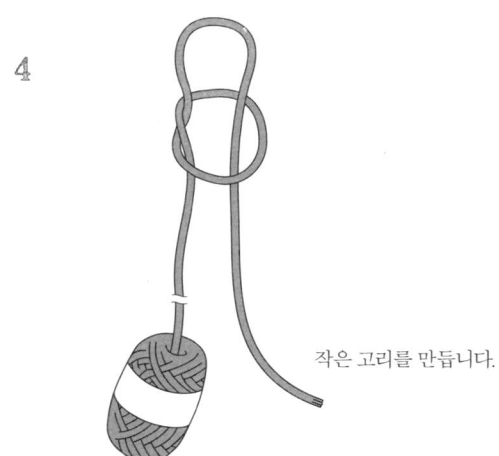
작은 고리를 만듭니다.

5
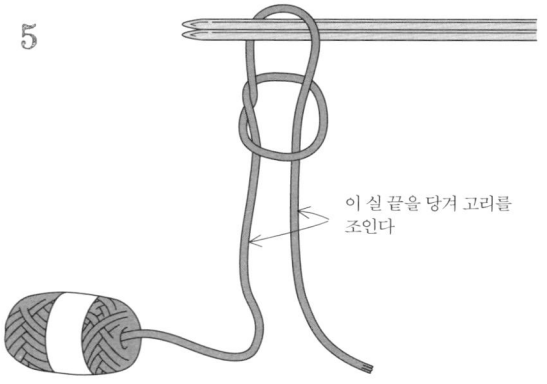
이 실 끝을 당겨 고리를 조인다
작은 고리 안에 대바늘 2개를 넣습니다.

6
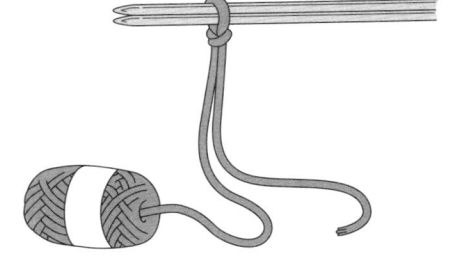
양쪽 실 끝을 당겨 고리를 조입니다(1코 완성).

7
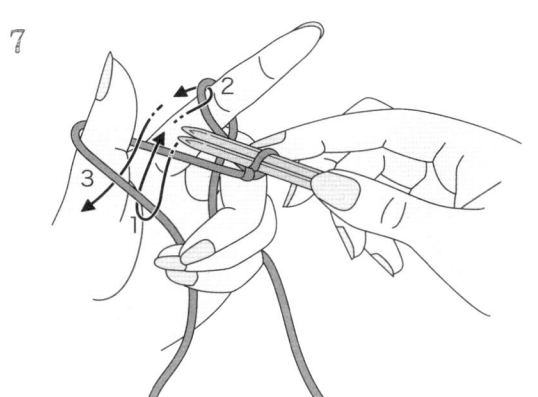

대바늘 끝을 1·2·3의 화살표 순으로 움직여 대바늘에 실을 겁니다.

8
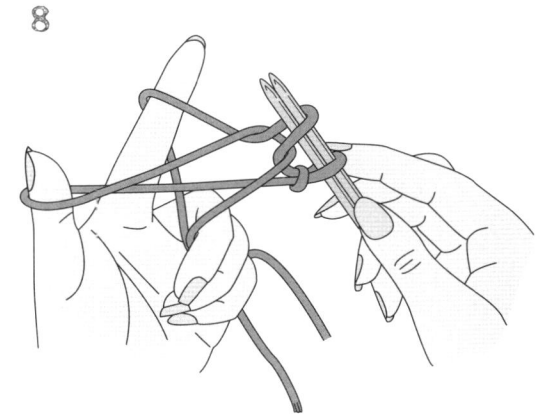

1·2·3의 순으로 실을 건 모습입니다.

9
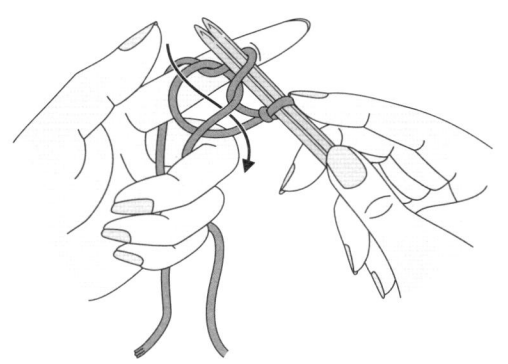

엄지에 걸린 실을 일단 뺀 뒤 화살표와 같이 엄지를 넣습니다.

10
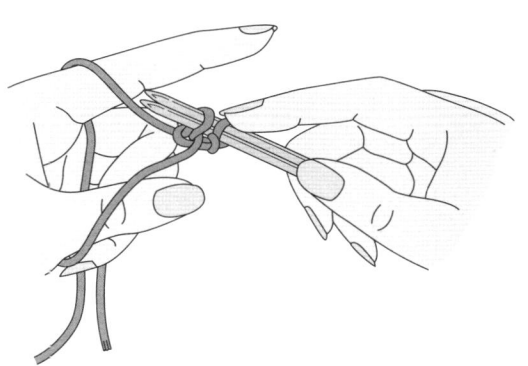

코를 조입니다(2코 완성).
7~10을 반복합니다.

11
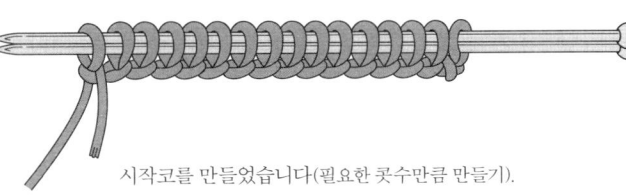

시작코를 만들었습니다(필요한 콧수만큼 만들기).

12
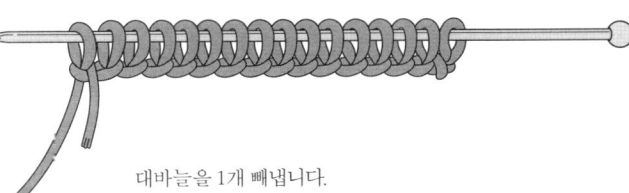

대바늘을 1개 빼냅니다.

13
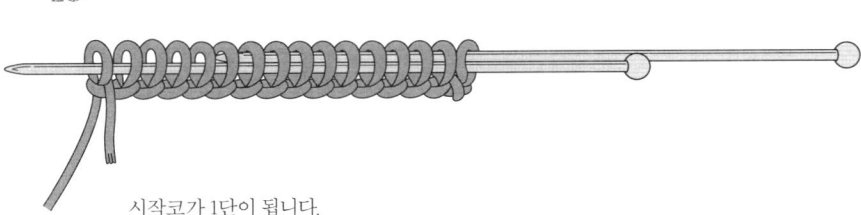

시작코가 1단이 됩니다.

Basics / 대바늘뜨기의 기초

[별도의 사슬로 시작코 만들기] (나중에 풀어낼 코 만들기)

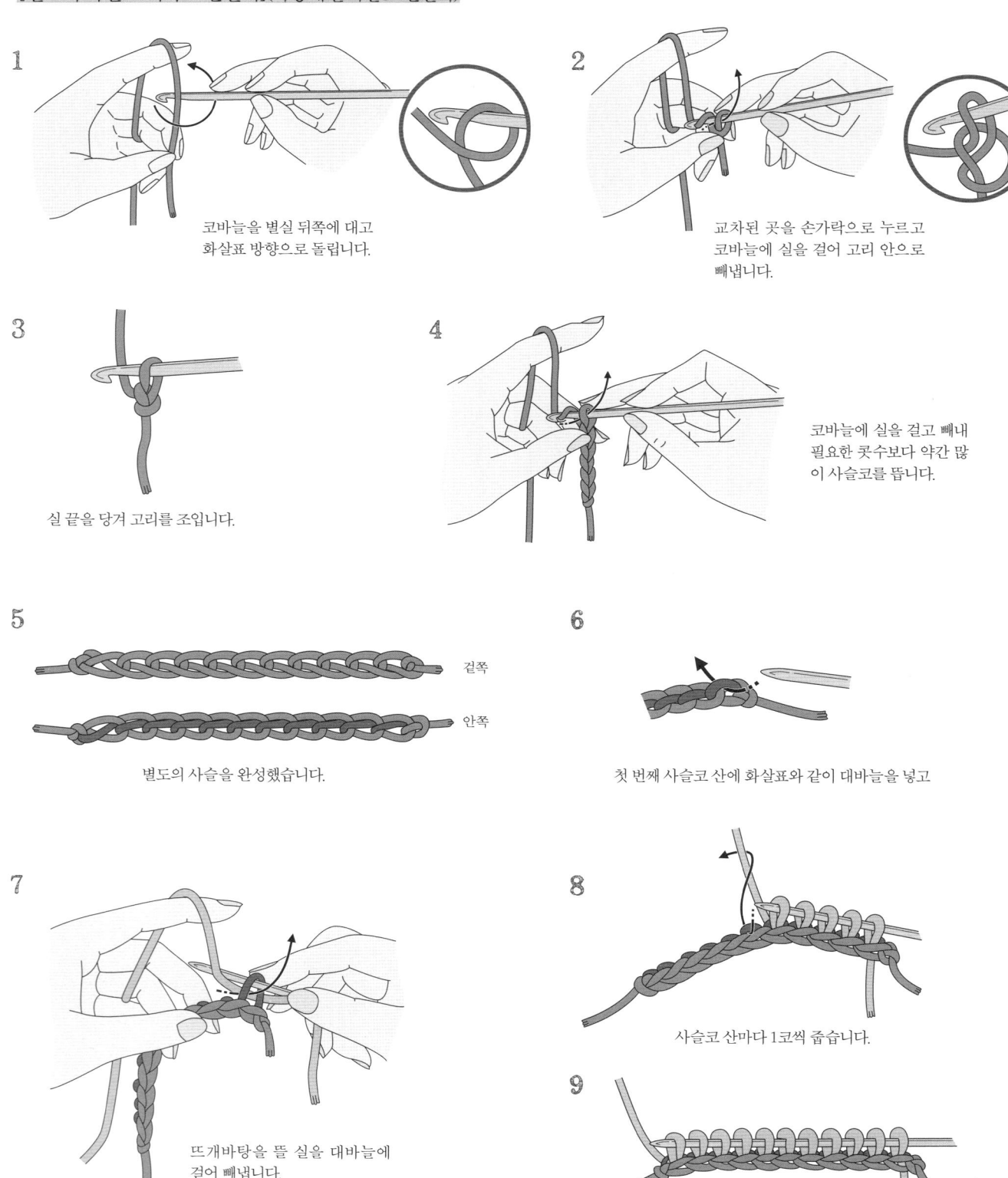

1. 코바늘을 별실 뒤쪽에 대고 화살표 방향으로 돌립니다.
2. 교차된 곳을 손가락으로 누르고 코바늘에 실을 걸어 고리 안으로 빼냅니다.
3. 실 끝을 당겨 고리를 조입니다.
4. 코바늘에 실을 걸고 빼내 필요한 콧수보다 약간 많이 사슬코를 뜹니다.
5. 별도의 사슬을 완성했습니다. (겉쪽 / 안쪽)
6. 첫 번째 사슬코 산에 화살표와 같이 대바늘을 넣고
7. 뜨개바탕을 뜰 실을 대바늘에 걸어 빼냅니다.
8. 사슬코 산마다 1코씩 줍습니다.
9. 필요한 콧수만큼 줍습니다.

[별도의 사슬을 풀어 코 줍기]

1
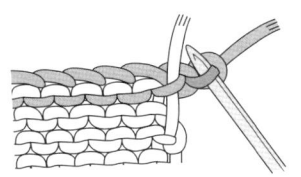

뜨개바탕 안쪽을 보면서 별도의 사슬코 산에 대바늘을 넣고 실끝을 빼냅니다.

2
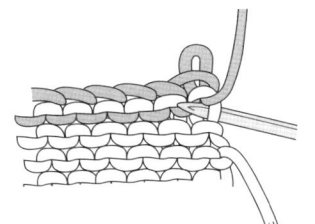

가장자리 코에 대바늘을 뒤쪽에서 넣고 별실을 풉니다.

3
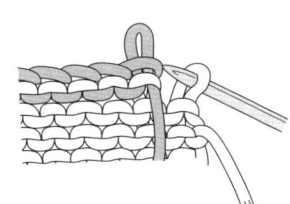

1코를 푼 모습입니다.

4
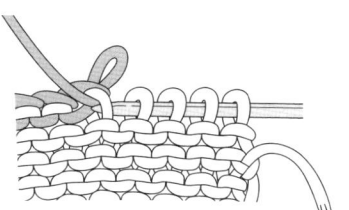

별도의 사슬을 풀면서 대바늘에 코를 옮겨 갑니다.

5
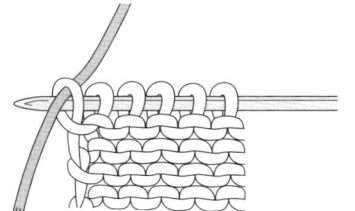

마지막 코는 꼬인 채로 줍고 별도의 사슬 실을 빼냅니다.

6
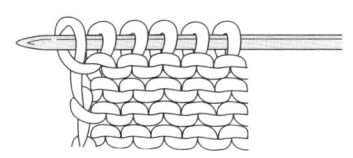

코를 모두 주운 모습입니다.

Basics / 대바늘뜨기의 기초

[오른코 늘려 안뜨기]

1
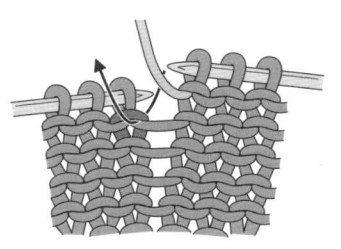

실을 앞쪽에 놓고 다음 코의 앞단에 오른쪽 대바늘을 뒤쪽에서 넣습니다.

2
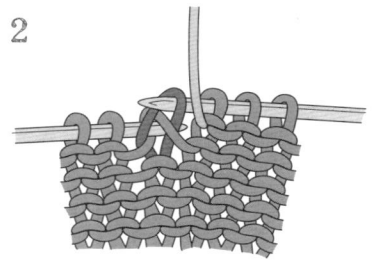

오른쪽 대바늘로 앞단의 코를 빼낸 모습입니다.

3
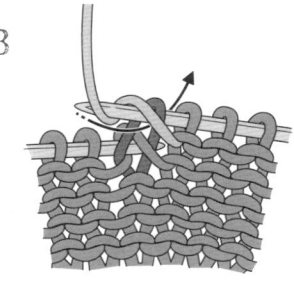

오른쪽 대바늘에 실을 걸고 화살표와 같이 빼내 안뜨기합니다.

4
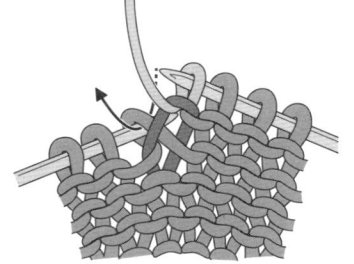

왼쪽 대바늘에 걸린 코도 안뜨기합니다.

5
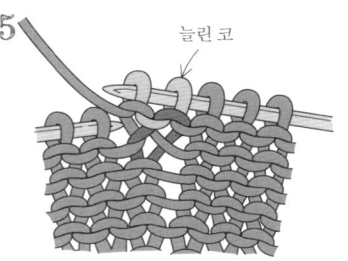

늘린 코

오른코 늘려 안뜨기를 완성했습니다.

[왼코 늘려 안뜨기]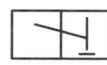

1
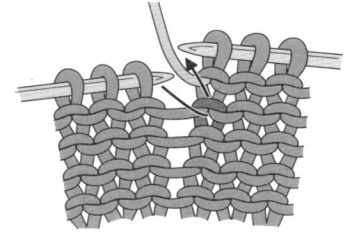

뜬 코의 1단 아래에 화살표와 같이 왼쪽 대바늘을 넣습니다.

2
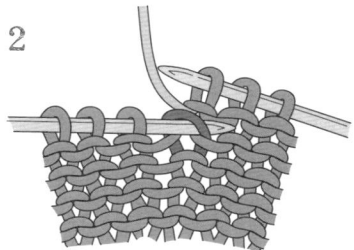

1단 아래의 코에 왼쪽 대바늘을 넣은 모습입니다.

3
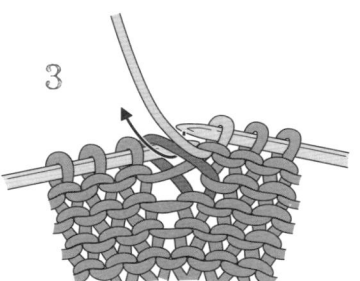

끌어올린 코에 오른쪽 대바늘을 넣습니다.

4
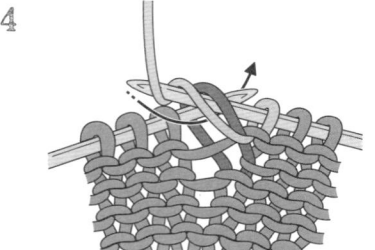

오른쪽 대바늘에 실을 걸고 빼내 안뜨기합니다.

5
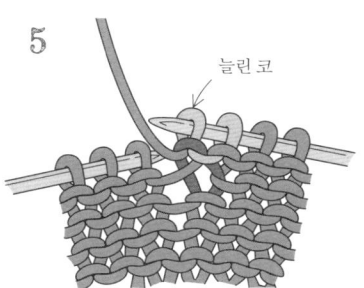

늘린 코

왼코 늘려 안뜨기를 완성했습니다.

[1코 고무뜨기 시작코 만들기] 양 끝 모두 겉뜨기 2코일 때

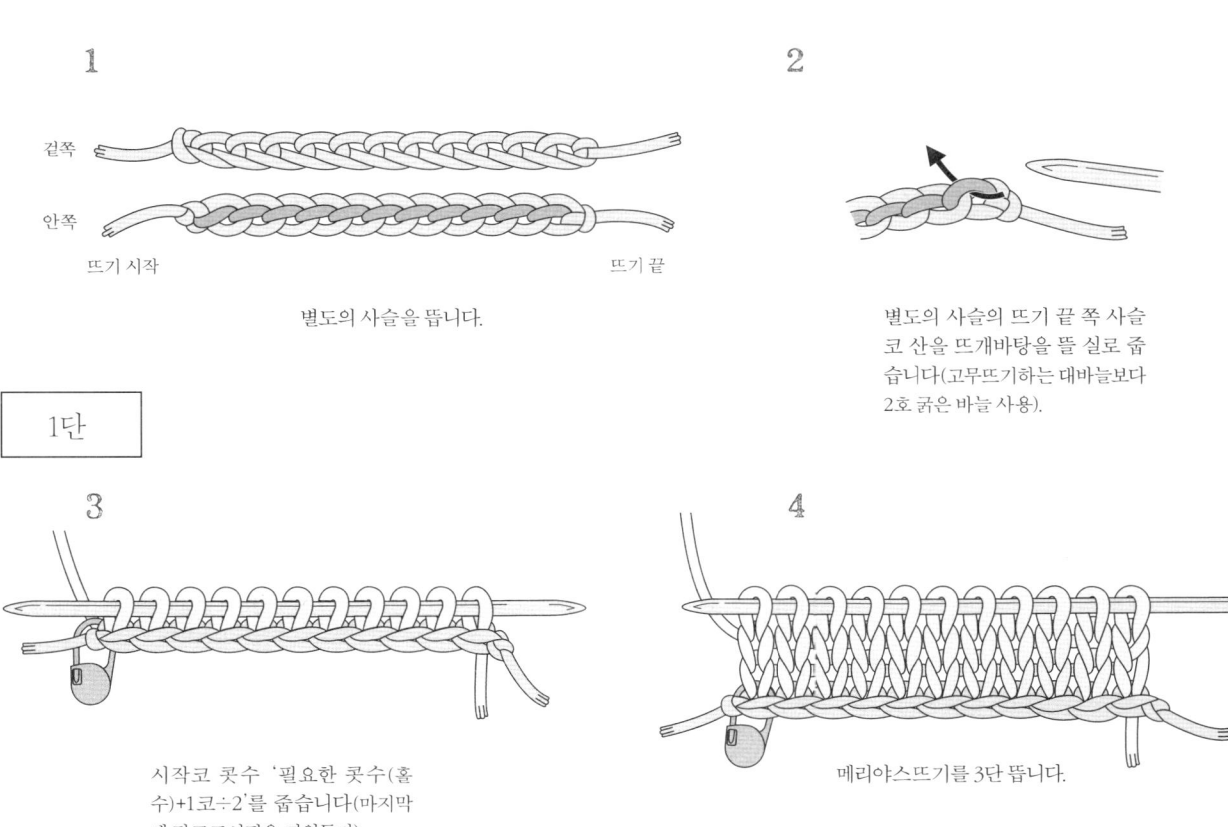

1단의 시작코 콧수(별도의 사슬)=필요한 콧수(홀수)+1코÷2

| = 겉뜨기 ∪ = 싱커 루프
— = 안뜨기 U = 반코의 싱커 루프

1
겉쪽
안쪽
뜨기 시작 / 뜨기 끝
별도의 사슬을 뜹니다.

2
별도의 사슬의 뜨기 끝 쪽 사슬 코 산을 뜨개바탕을 뜰 실로 주 웁니다(고무뜨기하는 대바늘보다 2호 굵은 바늘 사용).

1단

3
시작코 콧수 '필요한 콧수(홀수)+1코÷2'를 주웁니다(마지막에 단코표시핀을 끼워두기).

4
메리야스뜨기를 3단 뜹니다.

Basics / 대바늘뜨기의 기초

5

반코의 싱커 루프

뜨개바탕을 뒤집고 고무뜨기하는 대바늘로 바꾸어 단코표시핀을 단 코를 오른쪽 대바늘로 끌어올립니다.

6

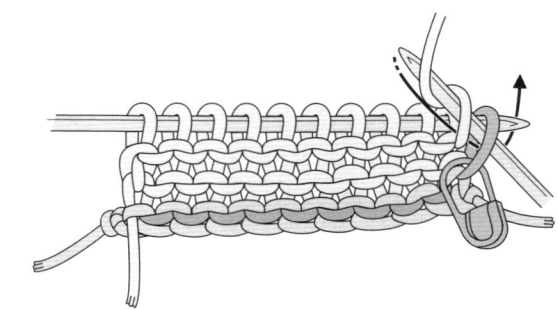

5에서 끌어올린 코를 왼쪽 대바늘에 옮기고 안뜨기합니다.

7

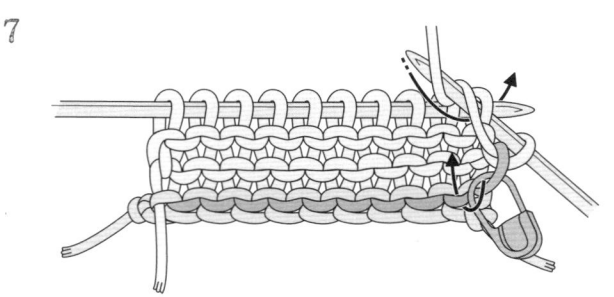

대바늘에 걸린 다음 코를 안뜨기합니다.

8

왼쪽 대바늘에 옮긴다

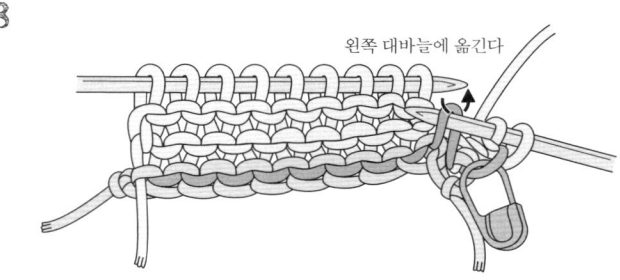

1단의 싱커 루프를 오른쪽 대바늘로 끌어올려 왼쪽 대바늘에 옮깁니다.

9

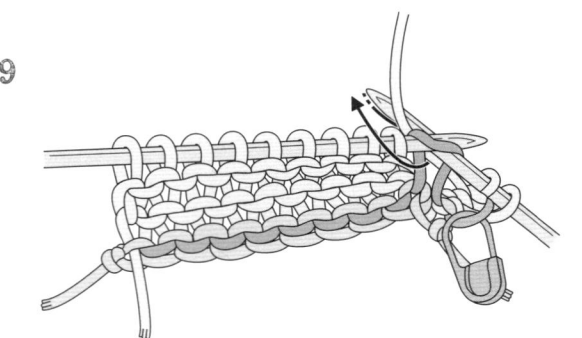

왼쪽 대바늘에 옮긴 코를 겉뜨기합니다.

10

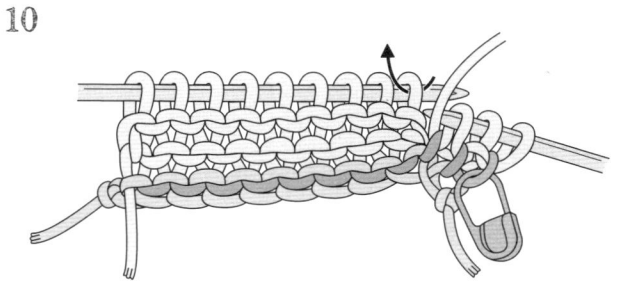

대바늘에 걸린 다음 코에 화살표와 같이 오른쪽 대바늘을 넣고 안뜨기합니다. 8~10을 반복해 뜹니다.

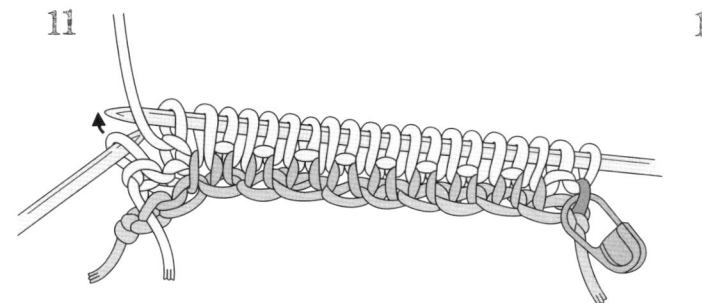

마지막 1코를 오른쪽 대바늘에 옮깁니다.

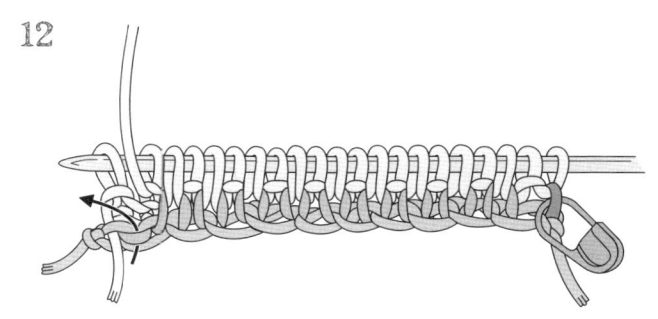

마지막 싱커 루프에 화살표와 같이 왼쪽 대바늘을 넣습니다.

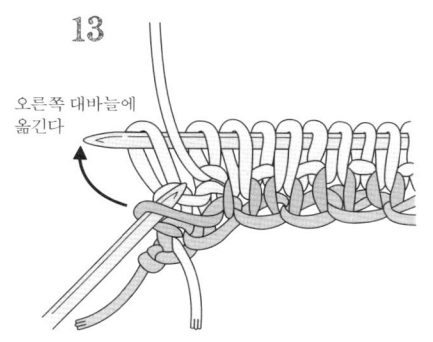

왼쪽 대바늘로 끌어올린 싱커 루프를 오른쪽 대바늘에 옮깁니다.

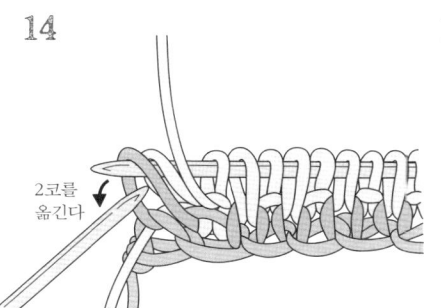

2코를 왼쪽 대바늘에 옮깁니다.

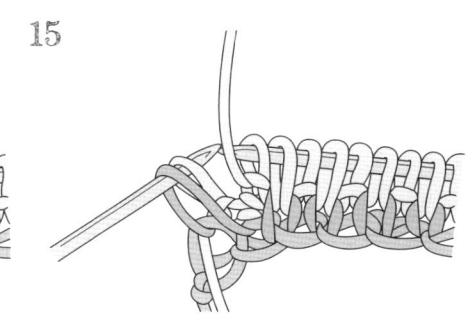

2코를 옮긴 모습입니다.

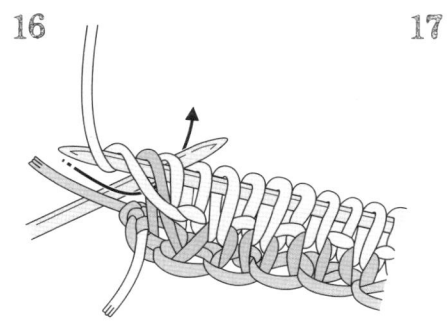

오른쪽 대바늘에 실을 걸고 빼내 2코를 함께 안뜨기합니다.

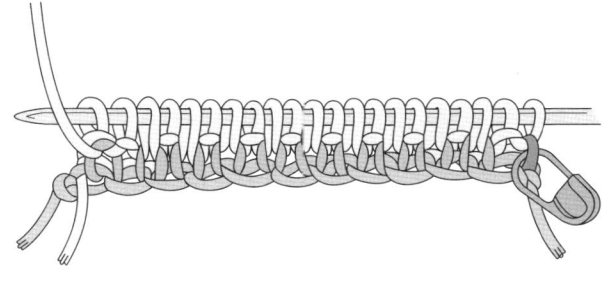

1코 고무뜨기의 시작코 만들기(고무뜨기를 2단 뜬 뜨개바탕 안쪽)를 완성했습니다.

107

Basics / 대바늘뜨기의 기초

[실을 가로로 걸치는 배색뜨기]

뜨지 않는 실이 안쪽에 가로로 걸쳐집니다.
안쪽에서 걸친 실이 팽팽해지지 않게 주의합니다.

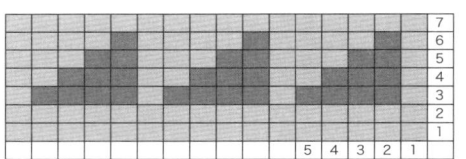

3단(겉에서 뜨는 단)

1

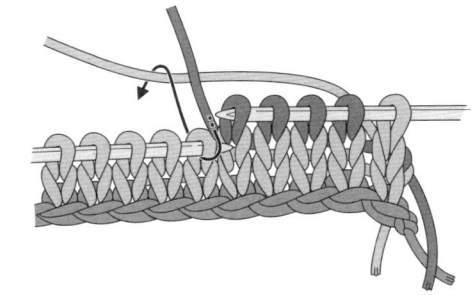

배색실을 바탕실에 걸고 첫 코에 오른쪽 대바늘을 넣습니다.

2

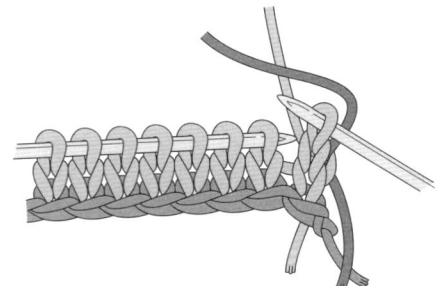

겉뜨기를 1코 뜨고 배색실을 위에 놓습니다.

3

배색실로 4코 뜬 뒤 바탕실로 바꾸어 배색실 콧수만큼 실을 걸쳐 뜹니다. 배색실은 바탕실 위에 놓습니다.

4

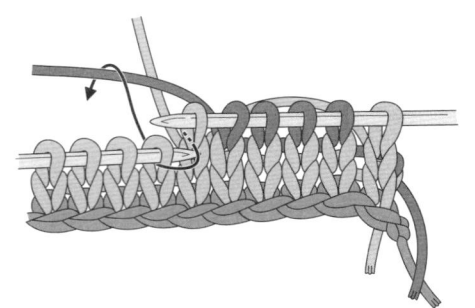

바탕실로 겉뜨기하고(배색실은 바탕실 위에 놓기) 배색실로 뜹니다. 실을 바꿀 때는 항상 바탕실이 아래, 배색실이 위가 되게 합니다.

5

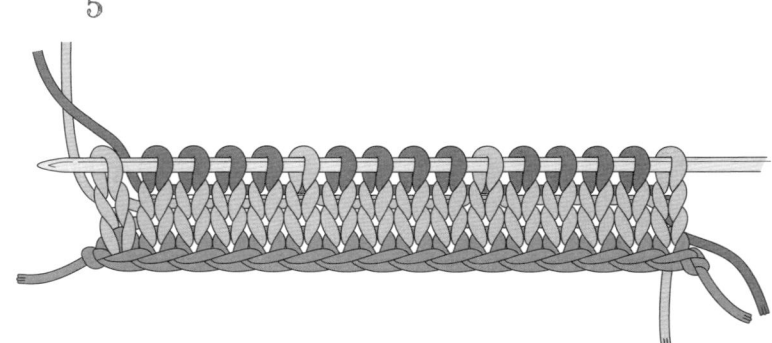

3~4를 반복합니다. 도안을 따라 떠 나갑니다.

4단(안에서 뜨는 단)

6
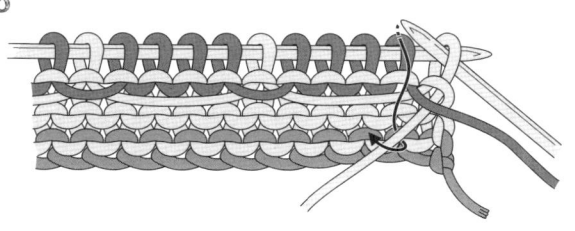
배색실을 바탕실 위에 놓고 첫 번째 코를 바탕실로 뜹니다.

7
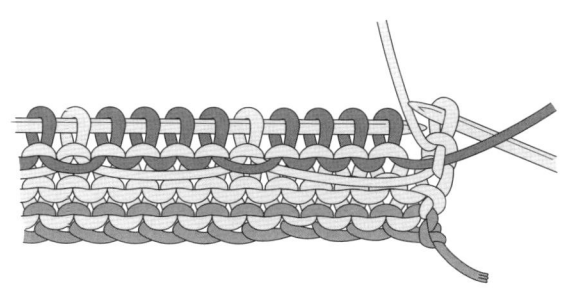
첫 번째 코를 안뜨기합니다.

8
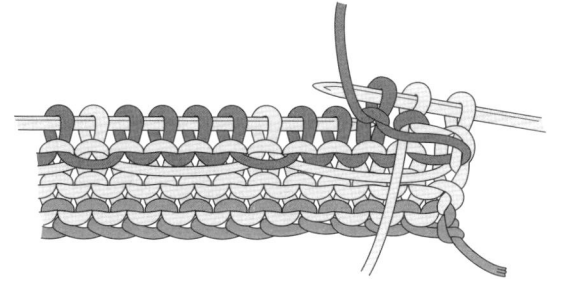
두 번째 코도 바탕실로 안뜨기한 뒤 배색실을 바탕실 위에 놓고 안뜨기합니다.

9
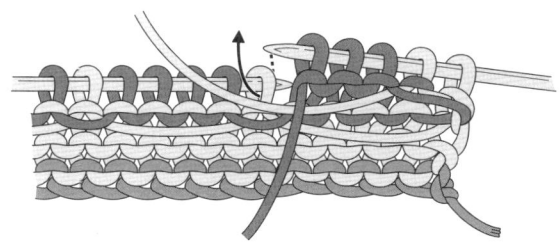
배색실로 안뜨기를 3코 뜬 뒤 바탕실로 바꾸어 배색실 콧수만큼 실을 걸쳐 뜹니다(배색실은 바탕실 위에 놓기).

10
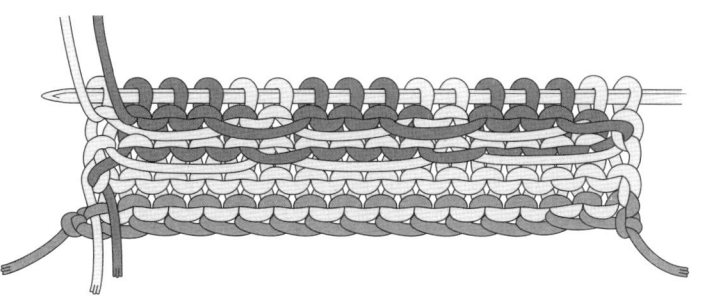
배색실로 가장자리 1코 앞까지 뜬 뒤,

11
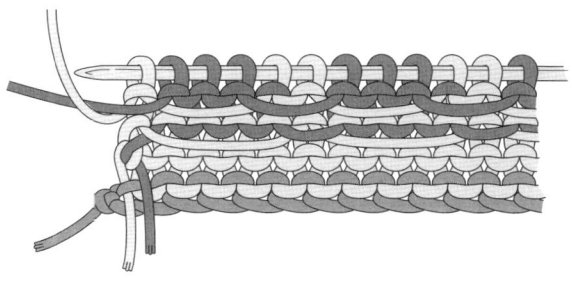
배색실을 바탕실 위에 놓고 마지막 코를 바탕실로 뜹니다. 4단을 떴습니다(배색실은 바탕실 위에 놓기).

Basics / 대바늘뜨기의 기초

세로줄무늬

겉을 보며 뜨는 단

1

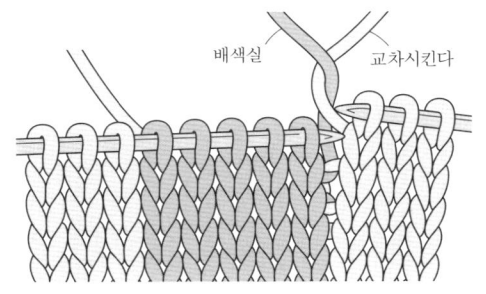

바탕실로 세로줄무늬 경계까지 뜬 뒤 배색실을 위로 해서 교차시킵니다.

2

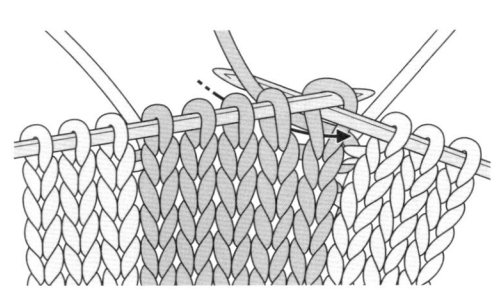

배색실로 뜹니다.

안을 보며 뜨는 단

3

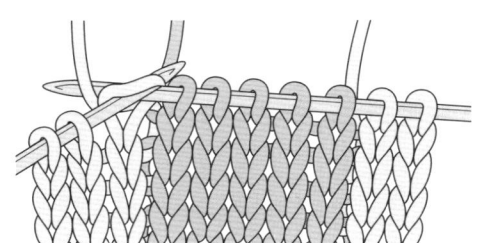

배색실로 다 뜬 뒤 바탕실을 위로 해서 교차시킵니다.

4

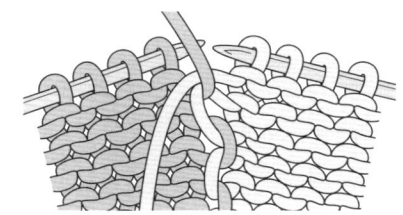

바탕실로 세로줄무늬 경계까지 뜬 뒤 바탕실을 위로 해서 교차시킵니다.

5

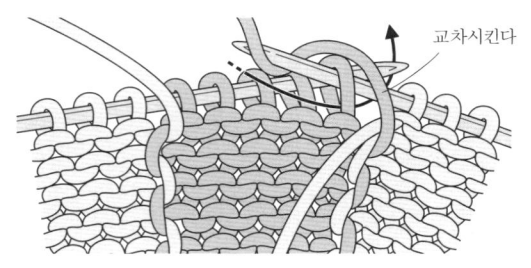

배색실로 뜹니다.

6

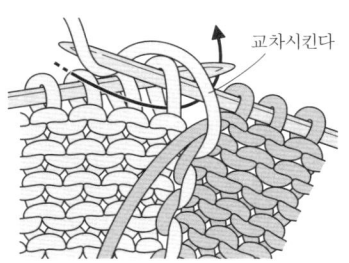

배색실로 다 뜬 뒤 바탕실을 위로 해서 교차시킵니다.

[되돌아뜨기(경사뜨기)/오른쪽]

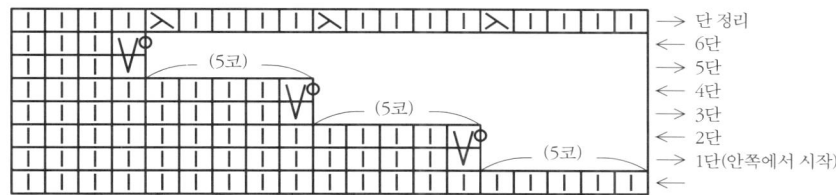

1단(안에서 뜨는 단)

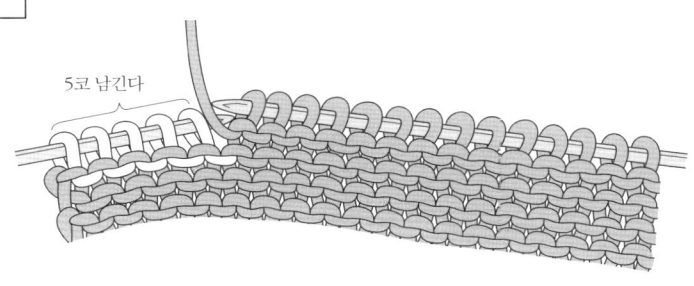

첫 번째 되돌아뜨기(오른쪽은 1단 먼저 시작)입니다. 안쪽 단에서 왼쪽 대바늘에 5코를 남겨서 뜹니다.

2단(겉에서 뜨는 단)

뜨개바탕을 뒤집고 실을 앞쪽에서 뒤쪽으로 걸어 바늘비우기를 한 뒤, 왼쪽 대바늘의 1코를 뜨지 않은 채로 오른쪽 대바늘에 옮기고(걸러뜨기) 나머지는 겉뜨기합니다.

3단(안에서 뜨는 단)

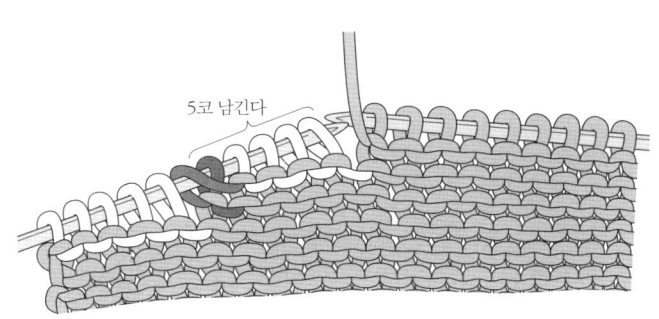

두 번째 되돌아뜨기입니다. 왼쪽 대바늘에 두 번째 5코를 남깁니다.

Basics / 대바늘뜨기의 기초

4단(겉에서 뜨는 단)

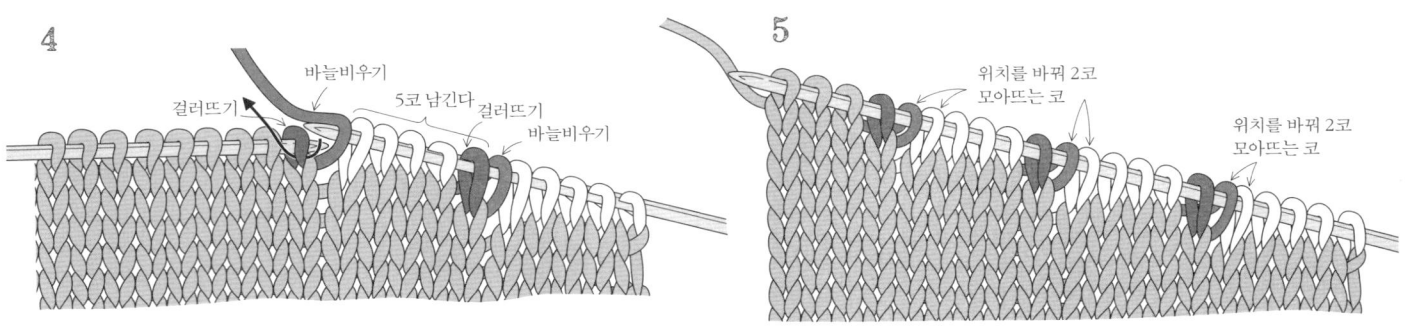

4 뜨개바탕을 뒤집고 실을 앞쪽에서 뒤쪽으로 걸어 바늘비우기를 한 뒤, 왼쪽 대바늘의 1코를 뜨지 않은 채로 오른쪽 대바늘에 옮기고(걸러뜨기) 나머지는 겉뜨기합니다. 2~3을 반복합니다.

5 6단(세 번째 되돌아뜨기)을 뜬 모습입니다.

단 정리(안에서 뜨는 단)

6 안쪽에서 단 정리를 합니다. 바늘비우기와 그 왼쪽 아래 단의 코 위치를 바꾸어(114쪽 참고) 2코 모아 안뜨기합 뜹니다.

안쪽에서 본 단 정리(오른쪽)

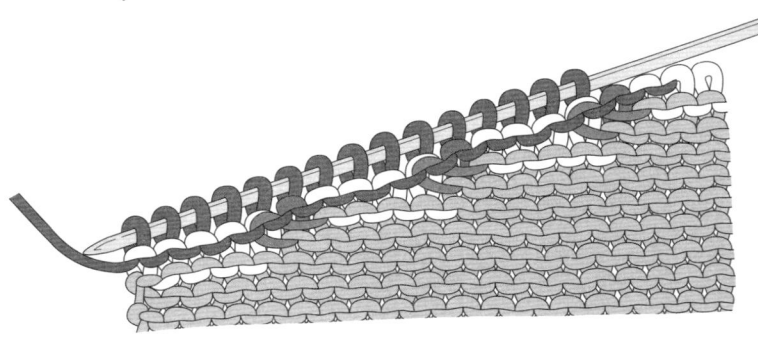

7 오른쪽 되돌아뜨기를 완성했습니다(바늘비우기는 안쪽에 나옴).

[되돌아뜨기(경사뜨기)/왼쪽]

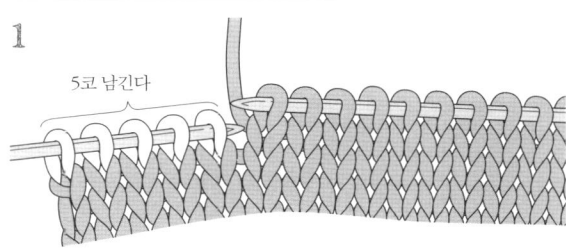

1단(겉에서 뜨는 단)

첫 번째 되돌아뜨기입니다. 왼쪽 대바늘에 5코를 남겨서 뜹니다.

2단(안에서 뜨는 단)

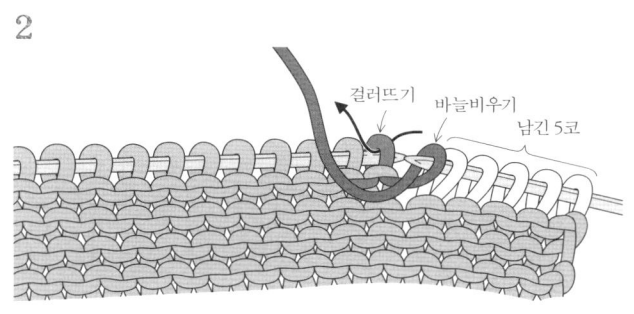

뜨개바탕을 뒤집고 바늘비우기를 한 뒤, 실을 앞쪽에 놓아서 왼쪽 대바늘의 1코를 뜨지 않은 채로 오른쪽 대바늘에 옮기고(걸러뜨기) 나머지는 안뜨기합니다.

3단(겉에서 뜨는 단)

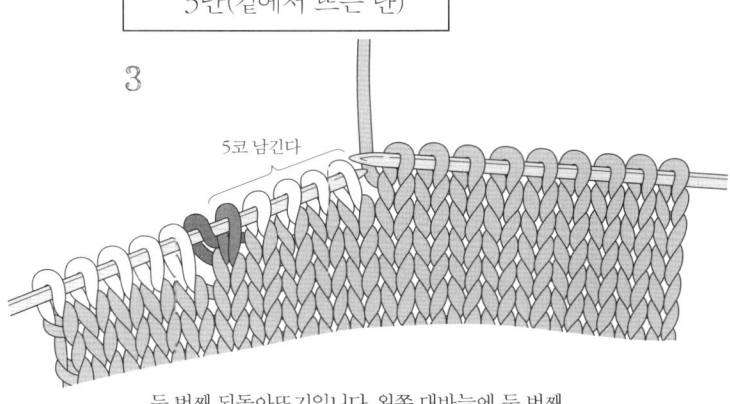

두 번째 되돌아뜨기입니다. 왼쪽 대바늘에 두 번째 5코를 남겨서 뜹니다.

4단(안에서 뜨는 단)

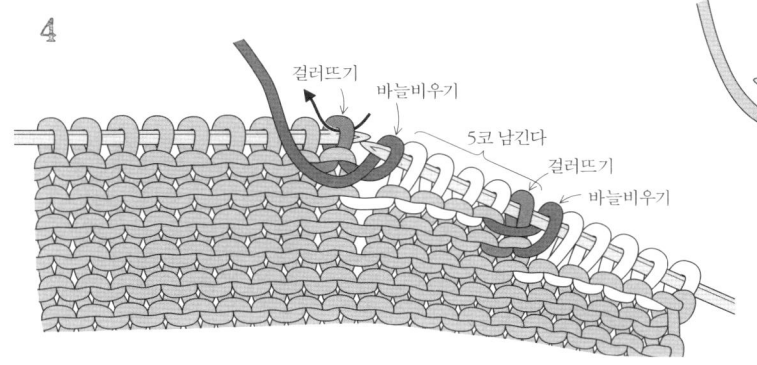

뜨개바탕을 뒤집고 바늘비우기를 한 뒤, 왼쪽 대바늘의 1코를 뜨지 않은 채로 오른쪽 대바늘에 옮기고(걸러뜨기) 나머지는 안뜨기합니다. 2~3을 반복합니다.

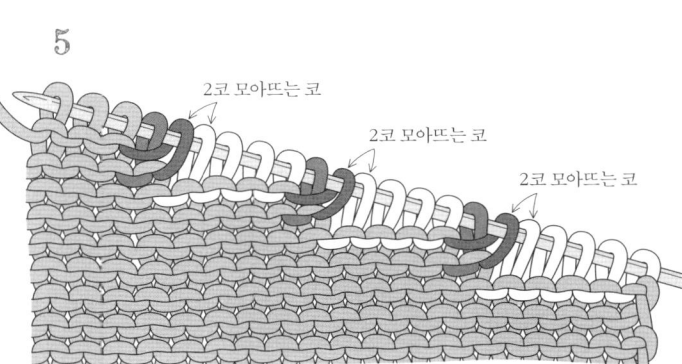

6단(세 번째 되돌아뜨기)을 뜬 모습입니다.

Basics / 대바늘뜨기의 기초

단 정리(겉에서 뜨는 단)

6

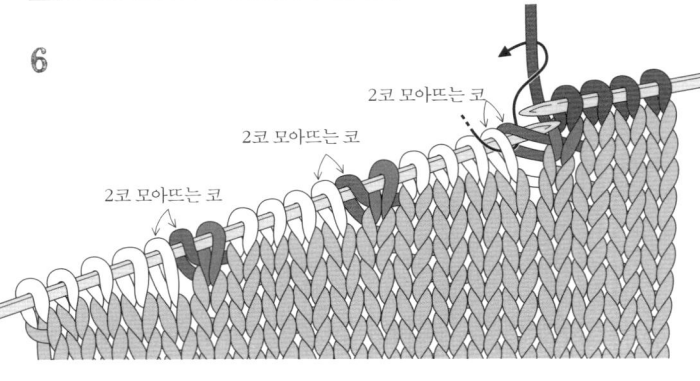

겉쪽에서 단 정리를 합니다. 바늘비우기와 그 왼쪽 코에 화살표와 같이 오른쪽 대바늘을 넣습니다.

7

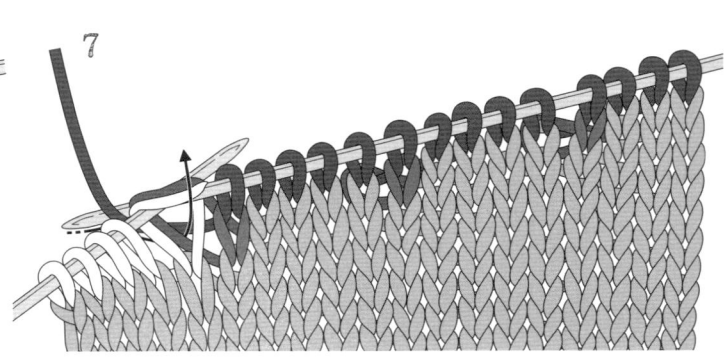

실을 걸어 2코 모아 겉뜨기를 합니다.

8

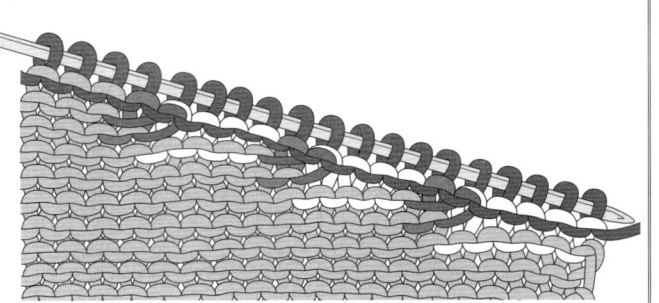

단 정리를 완성했습니다. 위는 안쪽에서 본 모습입니다(바늘비우기는 안쪽에 나옴).

코 위치 바꾸는 방법(안쪽에서 하기)

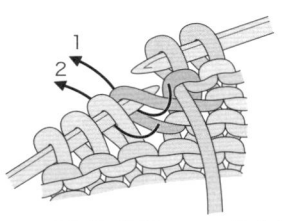

a. 오른쪽 대바늘로 1·2의 순으로 2코를 옮깁니다.

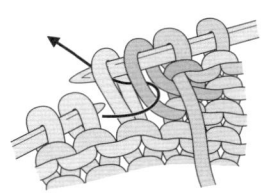

b. 오른쪽 대바늘에 옮긴 2코를 화살표와 같이 왼쪽 대바늘에 넣어 옮깁니다.

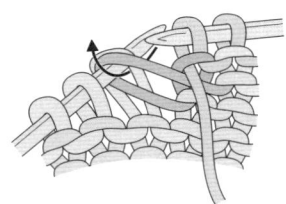

c. 2코를 왼쪽 대바늘에 옮긴 모습입니다.

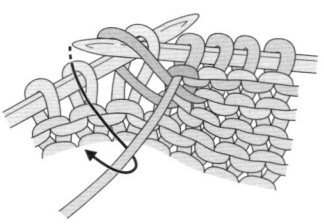

d. 오른쪽 대바늘을 2코에 넣고 실을 걸어 안뜨기합니다.

2코 고무뜨기 코막음 [평뜨기의 경우]

양 끝 모두 겉뜨기 2코일 때

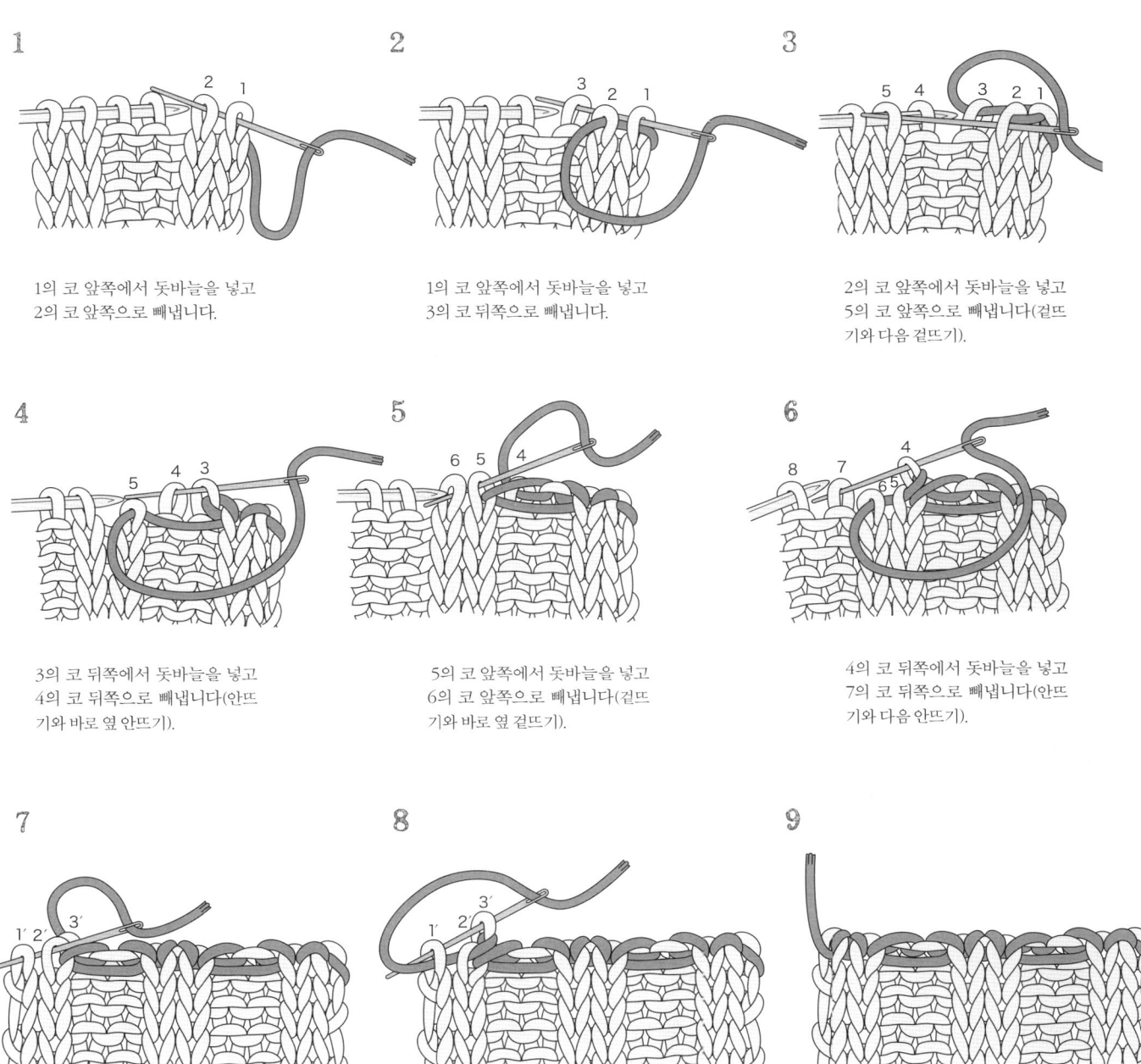

1. 1의 코 앞쪽에서 돗바늘을 넣고 2의 코 앞쪽으로 빼냅니다.

2. 1의 코 앞쪽에서 돗바늘을 넣고 3의 코 뒤쪽으로 빼냅니다.

3. 2의 코 앞쪽에서 돗바늘을 넣고 5의 코 앞쪽으로 빼냅니다(겉뜨기와 다음 겉뜨기).

4. 3의 코 뒤쪽에서 돗바늘을 넣고 4의 코 뒤쪽으로 빼냅니다(안뜨기와 바로 옆 안뜨기).

5. 5의 코 앞쪽에서 돗바늘을 넣고 6의 코 앞쪽으로 빼냅니다(겉뜨기와 바로 옆 겉뜨기).

6. 4의 코 뒤쪽에서 돗바늘을 넣고 7의 코 뒤쪽으로 빼냅니다(안뜨기와 다음 안뜨기).

7. 2′의 코 앞쪽에서 돗바늘을 넣고 1′의 코 앞쪽으로 빼냅니다.

8. 3′의 코 뒤쪽에서 돗바늘을 넣고 1′의 코 앞쪽으로 빼냅니다.

9. 코막음을 완성했습니다.

Basics / 대바늘뜨기의 기초

오른쪽 끝이 겉뜨기 3코·왼쪽 끝이 겉뜨기 3코일 때

1
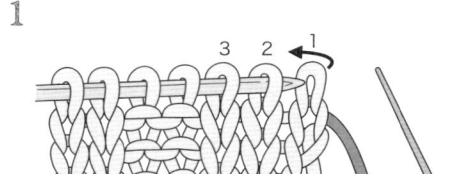
1의 코를 2의 코 안쪽으로 접어 겹칩니다.

2
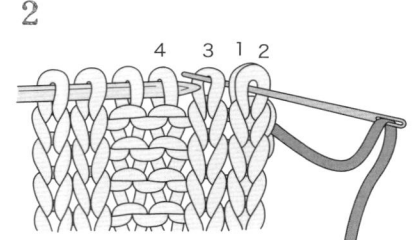
2코가 겹쳐진 코 앞쪽에서 돗바늘을 넣고 3의 코 앞쪽으로 빼냅니다. 그다음 115쪽의 2~4와 같이 합니다.

3
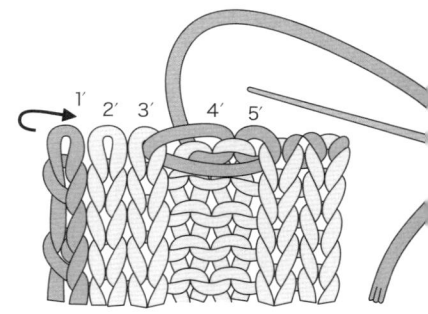
돗바늘을 4'의 코 뒤쪽으로 빼내고 1'의 코를 2'의 코 안쪽으로 접어 겹칩니다.

4
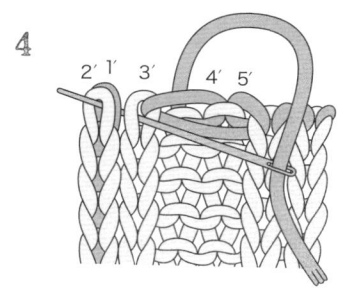
3'의 코 앞쪽에서 돗바늘을 넣고 2코가 겹쳐진 코 앞쪽으로 빼냅니다. 그다음 115쪽의 7~9와 같이 하면 완성됩니다.

[빼뜨기 잇기]

1
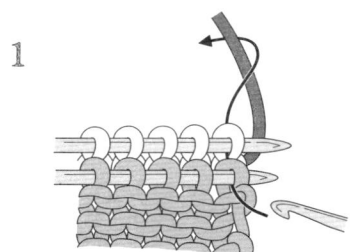
뜨개바탕 2장을 겉끼리 맞대어 왼손으로 잡고 앞쪽 안뜨기와 뒤쪽 겉뜨기에 코바늘을 넣습니다.

2
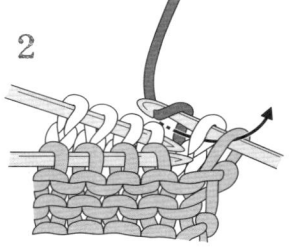
코바늘에 실을 걸고 2코 안으로 한 번에 빼냅니다.

3
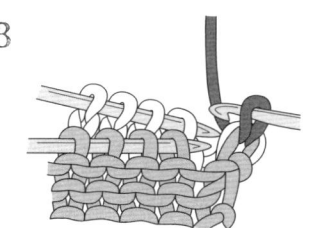
실을 빼낸 모습입니다.

4
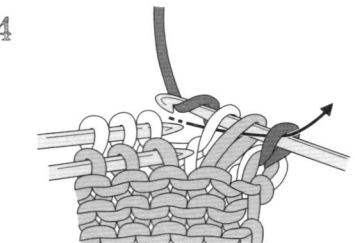
다음 코도 앞쪽과 뒤쪽 코에 코바늘을 넣고 실을 걸어 한 번에 빼냅니다.

5
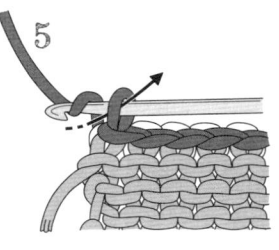
4를 반복합니다. 마지막은 1코 안으로 빼냅니다.

[떠서 꿰매기/메리야스뜨기일 때]

1

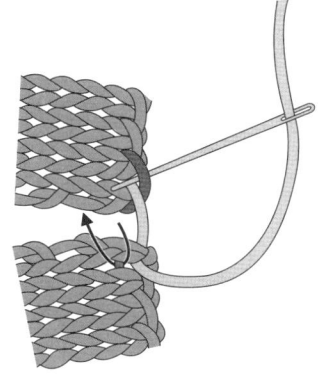

앞쪽과 뒤쪽 모두 시작코의 실을 뜹니다.

2

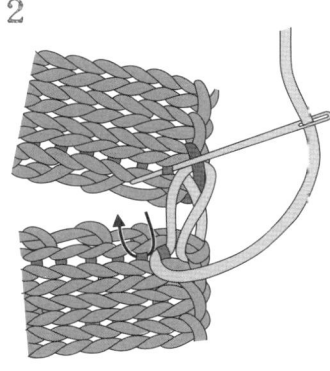

1코 안쪽의 가로로 걸쳐진 실을 1단씩 번갈아 떠서 꿰맵니다.

3

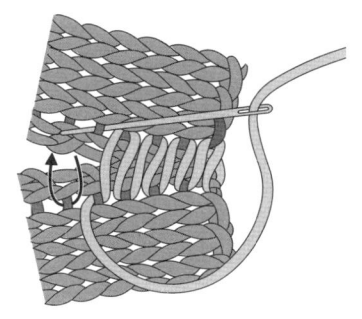

돗바늘을 당기면서 뜹니다.

늘린 코가 있을 때

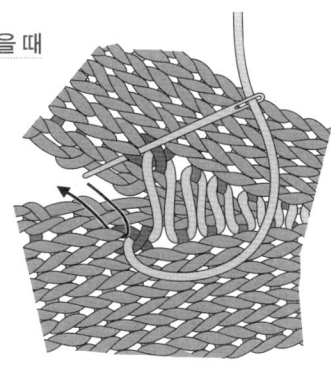

늘린 코(돌려뜨기)의 교차하는 부분 아래에서 돗바늘을 넣습니다(반대쪽도 동일).

줄인 코가 있을 때

1

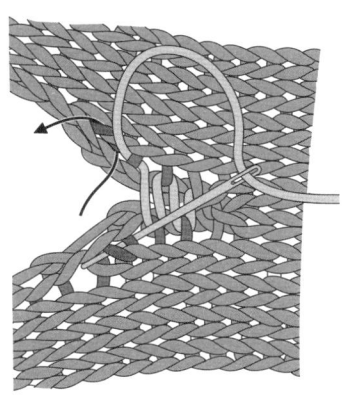

줄인 코 부분은 1코 안쪽의 가로로 걸쳐진 실과 줄인 코에 돗바늘을 넣어 뜹니다(반대쪽도 동일).

2

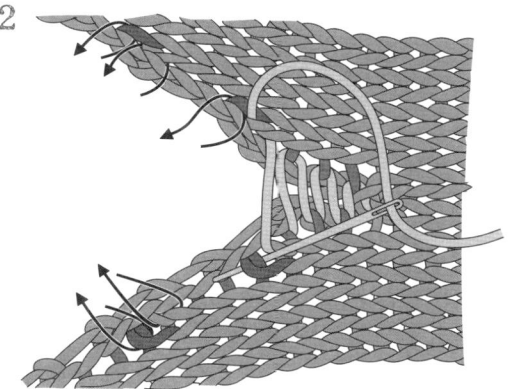

줄인 코 부분에 다시 한 번 돗바늘을 넣고 다음 단의 1코 안쪽의 가로로 걸쳐진 실을 함께 뜹니다(반대쪽도 동일).

Basics / 대바늘뜨기의 기초

[코와 단 잇기]

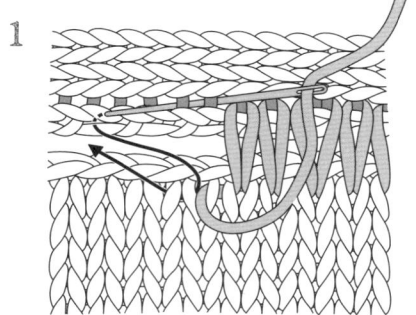

1
단을 1단 또는 2단 뜨고, 앞쪽 코는 화살표와 같이 2코에 돗바늘을 넣습니다.

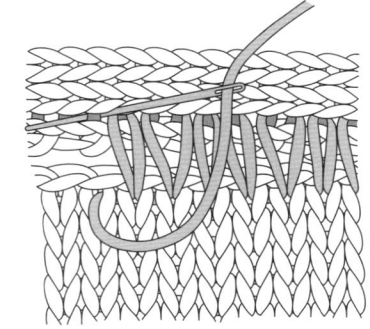

2
단수를 조정하면서 코와 단에 번갈아 돗바늘을 넣고 실을 당깁니다.

[메리야스 잇기/양쪽 모두 덮어씌웠을 때]

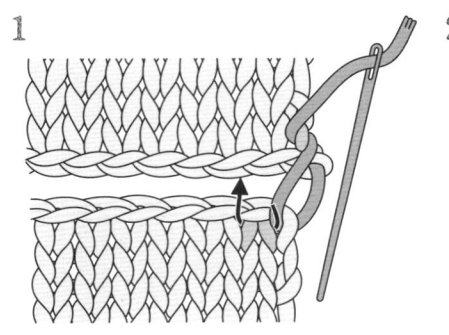

1
실 끝이 없는 앞쪽 가장자리의 코, 뒤쪽 가장자리의 코 순으로 뒤쪽에서 돗바늘을 넣습니다.

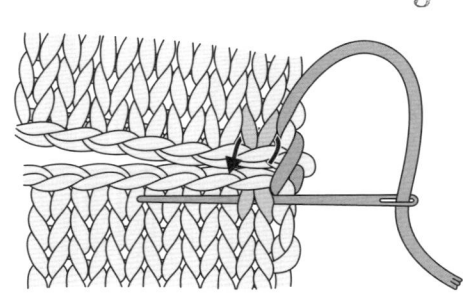

2
앞쪽 코에 돗바늘을 넣고 뒤쪽 코도 화살표와 같이 돗바늘을 넣습니다.

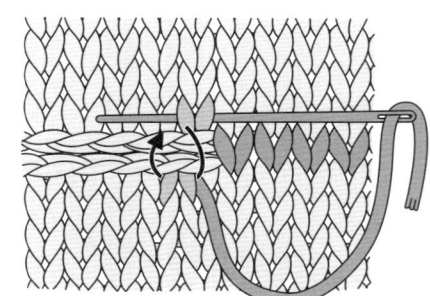

3
'앞쪽은 ∧자, 뒤쪽은 V자 모양으로 실을 뜨기'를 반복합니다.

[빼뜨기 꿰매기]

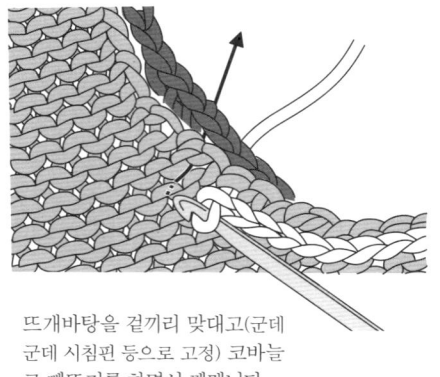

뜨개바탕을 겉끼리 맞대고(군데군데 시침핀 등으로 고정) 코바늘로 빼뜨기를 하면서 꿰맵니다.

HYODO YOSHIKO NO SLOW LIFE KNIT by Yoshiko Hyodo(NV70213)
Copyright © Yoshiko Hyodo/ NIHON VOGUE - SHA 2013
Photographer: Akiko Baba, Noriaki Moriya, Kana Watanabe
All rights reserved.
First published in Japan in 2013 by Nihon Vogue Co., Ltd.

This Korean edition is published by arrangement with Nihon Vogue Co., Ltd., Tokyo
in care of Tuttle - Mori Agency, Inc., Tokyo through Botong Agency, SEOUL.

이 책의 한국어판 저작권은 보통에이전시를 통한 저작권사와의 독점 계약으로 도서출판 한스미디어가 소유합니다.
신 저작권법에 의해 한국 내에서 보호를 받는 저작물이므로 무단전재와 복제 를 금합니다.
이 책에 게재되어 있는 작품을 복제하여 판매하는 것은 금지되어 있습니다.

유러피안 클래식 손뜨개

1판 1쇄 발행 2022년 8월 18일
1판 2쇄 발행 2024년 2월 13일

지은이 효도 요시코
옮긴이 배혜영
펴낸이 김기옥

실용본부장 박재성
편집 실용2팀 이나리, 장윤선
마케터 이지수
지원 고광현, 김형식

디자인 푸른나무 디자인
인쇄·제본 민언 프린텍

펴낸곳 한스미디어(한즈미디어(주))
주소 04037 서울시 마포구 양화로 11길 13(서교동, 강원빌딩 5층)
전화 02-707-0337 | **팩스** 02-707-0198 | **홈페이지** www.hansmedia.com
출판신고번호 제 313-2003-227호 | **신고일자** 2003년 6월 25일

ISBN 979-11-6007-836-7   13590

책값은 뒤표지에 있습니다.
잘못 만들어진 책은 구입하신 서점에서 교환해 드립니다.

한스미디어의
수예 & 핸드메이드 도서

베스트 뜨개 & 핸드메이드 매거진 털실타래 Vol.1~5
일본보그사 편 | 각 22,000원

 ## 코바늘 손뜨개

**쉽게 배우는
새로운 코바늘 손뜨개의 기초**
일본보그사 저 | 김현영 역
153쪽 | 18,000원

**쉽게 배우는
새로운 코바늘 손뜨개의 기초 실전편**
일본보그사 저 | 이은정 역
136쪽 | 16,500원

**쉽게 배우는
코바늘 손뜨개 무늬 123**
일본보그사 저 | 배혜영 역
11 ̄쪽 | 15,000원

**쉽게 배우는
모티브 뜨기의 기초**
일본보그사 저 | 강수현 역
112쪽 | 15,000원

**실을 끊지 않는
코바늘 연속
모티브 패턴집**
일본 보그사 저 | 강수현 역
112쪽 | 18,000원

**실을 끊지 않는
코바늘 연속
모티브 패턴집II**
일본 보그사 저 | 강수현 역
112쪽 | 18,000원

**매일매일
뜨개 가방**
최미희 저 | 200쪽 | 20,000원

**손뜨개꽃길의
사계절 코바늘 플라워**
박경조 저 | 244쪽 | 22,000원

**대바늘과 코바늘로 뜨는
겨울 손뜨개 가방**
아사히신문출판 저 | 강수현 역
80쪽 | 13,000원

🌸 플라워&가드닝

꽃집에서 인기 있는 꽃 469종
꽃도감
방현희 역 | 몽소 플뢰르 감수
288쪽 | 22,000원

케이라플레르
플라워 코스
김애진 저
288쪽 | 32,000원

플라워 컴 투 라이프
김신정 저
328쪽 | 16,800원

플라워 컴 홈
김신정 저 | 296쪽
16,500원

마이 디어 플라워
주예슬 저 | 284쪽
16,500원

사계절을 즐기는
꽃꽂이
다니 마사코 저 | 방현희 역
208쪽 | 18,000원

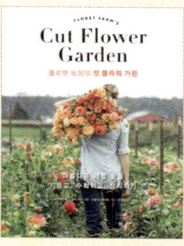

플로렛 농장의
컷 플라워 가든
에린 벤자킨, 줄리 차이 저
정수진 역 | 미셸 M. 웨이트 사진
32,000원

처음 시작하는
구근식물 가드닝
마쓰다 유키히로 저 | 방현희 역
208쪽 | 22,000원

한스미디어 www.hansmedia.com

서울특별시 마포구 양화로 11길 13 (강원빌딩 5층)
TEL 02-707-0337　　　FAX 02-707-0198

도서판매처 안내

전국 오프라인 서점
교보문고 전 지점, 영풍문고 전 지점, 반디앤루니스 전 지점, 이외의 전국 지역 서점에서 구매할 수 있습니다.

온라인 서점
교보인터넷　www.kyobobook.co.kr
YES24　www.yes24.com
알라딘　www.aladin.co.kr
인터파크도서　book.interpark.com

대바늘 손뜨개

**쉽게 배우는
새로운 대바늘 손뜨개의 기초**
일본보그사 저 | 김현영 역
160쪽 | 18,000원

마마랜스의 일상 니트
이하니 저
200쪽 | 22,000원

니팅테이블의 대바늘 손뜨개 레슨
이윤지 저
176쪽 | 18,000원

그린도토리의 숲속 동물 손뜨개
명주현 저
228쪽 | 18,000원

바람공방의 마음에 드는 니트
바람공방 저 | 남궁가윤 역
96쪽 | 16,800원

유러피안 클래식 손뜨개
효도 요시코 저 | 배혜영 역
120쪽 | 15,000원

매일 입고 싶은 남자 니트
일본보그사 저 | 강수현 역
96쪽 | 14,000원

M·L·XL 사이즈로 뜨는 남자 니트
리틀 버드 저 | 배혜영 역
116쪽 | 15,000원

52주의 뜨개 양말
레인 저 | 서효령 역
256쪽 | 29,800원

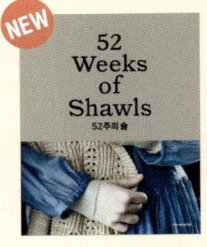
52주의 숄
레인 저 | 조진경 역
272쪽 | 33,000원

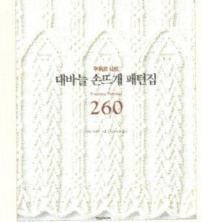
**쿠튀르 니트
대바늘 손뜨개 패턴집 260**
시다 히토미 저 | 남궁가윤 역
136쪽 | 20,000원

**쿠튀르 니트
대바늘 니트 패턴집 250**
시다 히토미 저 | 남궁가윤 역
144쪽 | 20,000원

대바늘 비침무늬 패턴집 280
일본보그사 저 | 남궁가윤 역
144쪽 | 20,000원

대바늘 아란무늬 패턴집 110
일본보그사 저 | 남궁가윤 역
112쪽 | 20,000원

**쉽게 배우는
대바늘 손뜨개 무늬 125**
일본보그사 저 | 배혜영 역
128쪽 | 15,000원

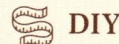 # DIY

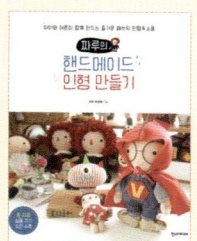

**짜루의
핸드메이드 인형 만들기**

짜루(최정혜) 저
132쪽 | 14,000원

**투명한
보석비누 교과서**

키노시타 카즈미 저 | 문혜원 역
112쪽 | 14,000원

가죽공예의 기초

노타니 구니코 저 | 정은미 역
116쪽 | 18,000원

종이로 꾸미는 공간
종이 인테리어 소품

김은주, 방경희, 이정은 저
208쪽 | 16,500원

**야생화 페이퍼
플라워 43**

야마모토 에미코 저 | 이지혜 역
144쪽 | 15,000원

나무로 만든 그릇

니시카와 타카아키 저
송혜진 역 | 268쪽
16,000원

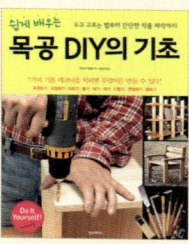

쉽게 배우는
목공 DIY의 기초

두파! 편 | 김남미 역
144쪽 | 16,500원

쉽게 배우는
간단 목공 작품 100

두파! 편 | 박재영 역
132쪽 | 16,500원

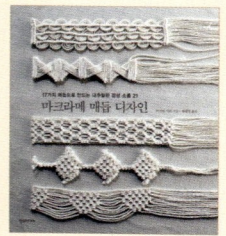

마크라메 매듭 디자인

마쓰다 사와 저 | 배혜영 역
100쪽 | 14,000원

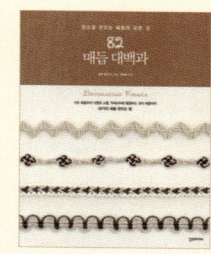

82 매듭 대백과

일본부티크사 저 | 황세정 역
172쪽 | 14,000원

아이와 아빠가 함께 접는
신나는 종이접기

박은경, 고이녀, 조은주, 송미령 저
168쪽 | 15,000원

엄마와 아이가 함께 접는
행복한 종이접기

김남희, 김향규, 윤선옥, 이명신 저
240쪽 | 15,000원

아이와 엄마가 함께 만드는
행복한 종이아트

김준섭, 길명숙, 송영지 저
162쪽 | 15,000원

소잉

**쉽게 배우는
새로운 재봉틀의 기초**
사카우치 쿄코 저 | 김수연 역
140쪽 | 18,000원

**픽셀클로젯의
말랑말랑 솜인형
옷 만들기**
픽셀클로젯 저
176쪽 | 22,000원

**사이다의
핸드메이드 드레스 레슨**
사이다 저 | 208쪽
25,000원

**셔츠 & 블라우스
기본 패턴집**
노기 요코 저 | 남궁가윤 역
108쪽 | 20,000원

원피스 기본 패턴집
노기 요코 저 | 남궁가윤 역
108쪽 | 20,000원

**스커트 & 팬츠
기본 패턴집**
노기 요코 저 | 남궁가윤 역
104쪽 | 20,000원

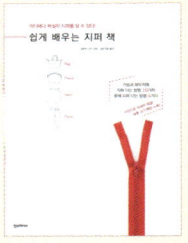
**쉽게 배우는
지퍼 책**
일본보그사 저 | 남궁가윤 역
108쪽 | 13,000원

**매일매일 입고 싶은
심플 데일리 키즈룩**
가타가이 유키 저
남궁가윤 역 | 112쪽
18,000원

**패턴부터 남다른
우리 아이 옷 만들기**
가타가이 유키 저 | 송혜진 역
134쪽 | 16,500원

**재봉틀로 쉽게 만드는
블라우스, 스커트&팬츠
스타일 북**
노나카 게이코, 스기야마 요코 저
이은정 역 | 90쪽 | 13,000원

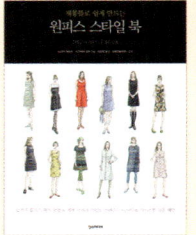
**재봉틀로 쉽게 만드는
원피스 스타일 북**
노나카 게이코, 스기야마 요코 저
이은준 역 | 크래프트 하우스 감수
88쪽 | 13,000원

**재봉틀로 쉽게 만드는
아우터 & 탑 스타일 북**
스기야마 요코, 노나카 게이코 저
| 김나영 역 | 76쪽
13,000원

자수

**달눈의
레트로 감성 자수**
노지혜 저
208쪽 | 18,000원

**하란의
보태니컬 세밀화 자수**
김은아 저
220쪽 | 18,000원

나의 꽃 자수 시간
정지원 저
276쪽 | 19,800원

**처음 배우는
우리 꽃 자수**
정지원 저
236쪽 | 16,800원

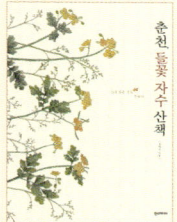
춘천, 들꽃 자수 산책
김예진 저
272쪽 | 18,000원

춘천, 사계절 꽃자수
김예진 저
128쪽 | 16,000원

자수 스티치의 기본
아틀리에 Fil 저 | 강수현 역
132쪽 | 15,000원

**쉽게 배우는
리본 자수의 기초**
오구라 유키코 저 | 강수현 역
112쪽 | 16,500원

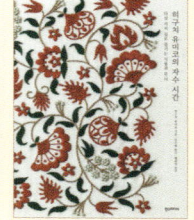
**히구치 유미코의
자수 시간**
히구치 유미코 저 | 강수현 역
헬렌정 감수 | 96쪽
18,000원

**히구치 유미코의
동물 자수**
히구치 유미코 저
배혜영 역 | 헬렌정 감수
96쪽 | 16,800원

**히구치 유미코의
연결 자수**
히구치 유미코 저
남궁가윤 역 | 102쪽 | 16,800원

**히구치 유미코의
사계절 자수**
히구치 유미코 저
김수연 역 | 헬렌정 감수
96쪽 | 18,000원

**히구치 유미코의
즐거운 울 자수**
히구치 유미코 저 | 배혜영 역
72쪽 | 16,800원